China NonProfit Review Vol.10 2013 No.1

本刊编辑部地址：北京市海淀区清华大学公共管理学院425室
电话：010-62773929
投稿邮箱：nporeviewc@gmail.com
英文版刊号：ISSN：1876-5092；E-ISSN：1876-5149
出版社：Brill出版集团
英文版网址：www.brill.nl/cnpr

中国非营利评论

清华大学公共管理学院NGO研究所
明德公益研究中心　主办

第十一卷　2013 No.1

社会科学文献出版社
SOCIAL SCIENCES ACADEMIC PRESS (CHINA)

本刊得到上海增爱基金会的赞助

理事长胡锦星寄语本刊：增爱无界，为中国公益理论研究作出贡献！

增爱无界

胡锦星

增爱公益基金會
More Love Foundation

卷 首 语

2013 年春游，我们走京郊斋堂的山野路，徒步 30 公里。

晓春初雨的郊野，天是蓝的，山是青的，空气中洋溢着春的味道。算起来，这是我任教清华以来的第 15 次春游了。每年再忙，也要抽空邀集新老学生们踏青郊游，踏的是新年新气象，游的则是愈老愈醇、愈久愈深厚的社会资本。

今年的春天充满了改革的新风。习李新政从"中国梦"始，以反贪治腐为利器，将革自己命的国务院机构改革作为第一施政，足见新政的壮士之勇。在作为施政纲领的《国务院机构改革和职能转变方案》（以下简称"方案"）中，"小政府、大社会"跃然纸上，以取消业务主管单位为突破口的社会体制改革蓄势待发。随着这一方案在全国人大会上表决通过，以及随后国务院办公厅下发的分工落实方案的通知，一个社会组织将大有作为的春天姗然而至。

这是中国社会期待已久的春天。比之市场改革，中国的社会改革延迟得太久，积压的问题和矛盾太多。惟其如此，社会改革的难度和复杂程度就大得多。两年前许多同仁参与讨论修订的社会团体等三大条例，如今依旧安睡在立法机关的案头。曾轰轰烈烈启动的事业单位改革似也偃旗息鼓了。一年前我带着调研组考察乌坎时，成功领导乌坎抗争并当选村支两委"一把手"的林祖銮踌躇满志，时隔一年后当我们再访时他却变得一筹莫展。如何用旧社会的手撑起新社会的天？在一个亟待重建但又缺乏建设者的社会中，这无疑是改革的悖论。不久前的通知要求民政部会同国务院法制办今年底完成三大条例的修订，且要在 2017 年基本建成现代社会组织体制。我们相信并期待这一次是动真格的。但在尚未达成改革共识的体制内，如果没有一个超越部门权力和利益的宏观协调机制，触及体制核心权益的深度改革恐难推进，而日积月累并随时都在激化的各种社会矛盾则逼着体制向后退。同时，自下而上的公益热情和结社需求不断高涨，早已突破了现行体制的合法性空间，一个预估总量达300万～400万的第三部门已经崛起并在社会转型中发挥着越来越积极的作用，与踟蹰不前的事业单位改革及回归体制的人民团体形成鲜明对照。这一切都使得对改革的期待与其可能的进展之间形成巨大的反差。

但是不管怎么说，一个以取消业务主管单位为突破口的社会改革已经启动。除了密切关注和积极推进这一进程外，我们更要做好迎接新体制的准备。当春天真的来临的时候，我们的体质是否适应？营养是否足够？生长机能是否健全？我们被压抑的潜能能否充分发挥？社会所期待的功能能否足以实现？社会组织，我们这些并不熟悉中国社会转型乃至公共管理的新生事物，能否在深化改革和转型的实践中一展身手而不负众望？现在，到了社会组织需要承载压力的时候了。

本卷以专题形式聚焦社会改革与社会建设，解读和探析新政，同时关注广东改革的经验和基层创新的案例，努力把握社会改革的最新动向。

本卷付梓之际，四川雅安地区发生7.0级地震并带来人民生命财产的巨大损失，短短数日，无数志愿者奔赴灾区，十多亿善款汇集慈善，彰显了来自民间巨大的公益力量。令人在为震灾罹难者深致冥福的同时，不禁赞叹中国的NGO，我们是社会的正能量！

山野春游的队伍中也有不到七岁的那路，喜爱运动的他同样徒步了30公里。真的很棒！他的成长如同年轻的社会组织，不管天暖还是寒，只要时辰到了，春天就会来；只要春天来了，生命之树就会长大！

王 名

2013 年 4 月 29 日于涵清阁

目　录

主题研讨

习李新政与社会改革 ……………………………………… 王　名等／1

构建与市场经济体制相适应的社会体制

　　——在首届中国社会建设论坛上的发言 ………………… 刘润华／24

"改善民生"和"创新管理"并重

　　——论十八大报告对于"社会建设"思想的新发展 ……… 张严冰／29

论文

建构民主唤回内生民主的实验：

　　以肃宁"四个覆盖"为例 ………………………………… 郑杰榆／39

美国私立慈善组织主体资格的法律构建与进路 …………… 褚　蓥／56

案例

河北肃宁县"四个覆盖"

　　——让解散的农民重新组织起来 ………………………… 郑若婷／78

书评

非营利组织立法的现实进路与问题

　　——兼评《中国非营利组织法专家建议稿》 …………… 马长山／93

研究参考

社会企业：价值与未来

　　——第三届公益主题国际研讨会综述 ……… 乜　琪　李　勇 / 103

近十年我国基金会研究的热点探讨

　　——基于共词分析的视角 ……………………… 陈旭清　田振华 / 112

随笔

学术的殿堂　创新的典范

　　——洛克菲勒基金会布拉吉奥中心的见闻与启示 …… 陆　波 / 123

中国非营利组织立法的发展路径

　　——非营利组织立法的点滴忆想 ………………………… 陈金罗 / 130

《中国非营利评论》专刊征稿启事 ………………………………… 140

稿约 …………………………………………………………………… 141

来稿体例 ……………………………………………………………… 143

CONTENTS

Theme Studies

Xi-Li's New Deal and Social Reform   *Wang Ming etc.* / 1

The Construction of a Social System Corresponding
   with the Market Economy
     —*A Speech Made at the First Session of China Social*
       Development Forum   *Liu Runhua* / 24

Pay Equal Attention to the "Improvement of People's Well-being"
and "Innovations in Management"
     —*New Path Carved out by the 18th NCCPC's Report for*
       the Idea of "Social Development"   *Zhang Yanbing* / 29

Thesis

Empirical Experiment of Reviving Intrinsic Democracy by
   Democratic Construction: A Case Study of the "Four
   Covers Policy" in Su'ning County   *Zheng Jieyu* / 39

Legal Framework and Development of U.S. Private
   Charitable Organization's Legal Capacity

                                  Chu Ying / 56

Cases

"Four Covers Policy" in Su'ning County, Hebei Province
   —*To Make the Loose Farmers Reorganized*

                             Zheng Ruoting / 78

Book Reviews

The Realistic Way and Issues of Non-profit Organization Legislation

   —*And Comments on the Expert Proposal of Chinese*

   Non-profit Organization Law   *Ma Changshan* / 93

Researches

Social Enterprises: Values and Future

   —*A Summary of the 3rd International Seminar on Philanthropy*

   Nie Qi, Li Yong / 103

A Discussion on the Hot Topics of Foundation Studies in

China during the Last Decade

   —*From the Perspective of Co-word Analysis*

   Chen Xuqing, Tian Zhenhua / 112

Essays

The Academy Palace and Innovation Model

   —*Information and Inspiration from the Visit to Rockefeller*

   Foundation Bellagio Center   *Lu Bo* / 123

The Way of Development of China's Non-profit

Organization Legislation

   —*A Memory of Trivialities in Relation to Non-profit*

   Organization Legislation   *Chen Jinluo* / 130

Call for Papers   / 140

Note to Authors   /141

Request for Submissions   / 143

习李新政与社会改革[*]

报告人：王名
评论人：马庆钰、刘培峰
主持人：马剑银

【主编按语】十八大以来，力倡改革的习李新政全面展开。本卷以"社会改革"为题，特刊三篇专论热议这一主题。"小政府、大社会"的改革话语回归主流，是数月以来中国政治生态中最激动人心的一页，也是媒体关注的热点。两年前席卷广东的社会改革先行先试不仅得到全面肯定，而且以立法形式在全国范围内推广。这个表现为机构改革、职能转变和社会体制改革的"南风北渐"过程，是中国改革向纵深发展的里程碑。我们有理由相信，不仅社会组织发展的春天已经到来，一个以社会为大舞台的改革新篇章业已开启，中国的未来正展现出前所未有的绚烂图景。

马剑银：各位来宾、各位老师、各位同学大家好，这里是清华大学

＊ 本文是 2013 年 3 月 23 日清华大学 NGO 研究所和明德公益研究中心共同主办的"清华大学 NGO 学术沙龙第 203 期暨明德公益论坛第 1 期"活动的现场整理稿，稿子经过报告人和评议人的修订，并授权本刊发表，特此感谢。王名，清华大学公共管理学院教授，NGO 研究所所长，明德公益研究中心主任，全国政协委员；马庆钰，国家行政学院教授；刘培峰，北京师范大学法学院教授；马剑银，北京师范大学法学院讲师，本刊执行主编。

NGO 研究所和明德公益研究中心共同主办的"清华大学 NGO 学术沙龙第
203 期暨明德公益论坛第 1 期"的现场。今天我们有幸邀请到连任第十
届、十一届、十二届（三届）全国政协委员的王名教授。王名教授是清
华大学 NGO 研究所所长，也是我国社会改革领域杰出的研究者和政策倡
导者，他今天给我们带来的是关于习李新政和社会改革的报告，这是他
参加今年两会之后的新鲜体验，也是多年来在社会改革领域长期浸润的
研究心得。今天到场的两位评论人也都是该领域著名的学者——来自国
家行政学院的马庆钰教授和北京师范大学法学院的刘培峰教授，他们还
分别担任着国家行政学院公共管理教研部的副主任和北京师范大学法学
院宪政法学教研中心的主任。我们先有请王老师作主题发言，然后请两
位评论人一起上台与王老师共同探讨关于社会改革方面的话题。

有请王老师。

王名：各位同学上午好，我稍微补充一下，本次讲座还是公共管理
学院党员干部学习两会的专题讲座，同时也是《非政府管理概论》和
《政府组织》两门课的集中授课。

国务院机构改革方案是启动
第二轮改革的宣言书

今年是我作为三届全国政协委员第十一次参加两会。这次两会有一
个突出特点，那就是换届——改革信号的发出及改革信心的确立。本次
会议标志性的、具有法定意义的文件不是政府工作报告，也不是人大的
工作报告，而是《国务院机构改革和职能转变方案》（以下简称"方
案"）。这个方案我一直在学习、研究。今天与大家分享我在学习过程中
的一些体会。我把这个方案看作是习李新政的改革宣言书。新一届政府
起步了，他们的观点、思路战略用什么东西来表达？两会期间，我一直
在摸索，什么是他们的思路，什么是他们的战略？政府工作报告、人大
和政协的报告我都认真研究了，但我觉得那基本代表对上一届政府的总
结，以及对下一届新政的建议，那新政的思想在哪里？

马凯同志在做方案的说明时，我听到一半就发现这个方案非同寻常，
这不是简单的机构改革方案，它实际上是习李新政的基本表达，阐述了两

会闭幕后政府工作的起点。我的理解是通过两会这个非常具有宏观性、战略性的平台来表达、来宣示习李新政的思路，尽管它的标题是政府机构改革和职能转变。这个方案虽然是一个工作性的，是一个操作层面的，看上去是一个机构改革的方案，但这个机构改革的方案在新的战略性表述出现之前，它最具指导意义，我觉得这值得大家一起从这个方案中来学习、来体会、来把握习李新政的基本思想、基本脉络和基本目标，因为作为第七次机构体制改革方案，它与以前最大的不同在于：它和一个新政组织——新一届政府的诞生结合在一起，而且跟我们制度设计的不完善结合在一起。

当我拿到这个方案时一开始并没有认真看，等马凯同志在将方案说明到一半时，我好像有了一种新的感觉，有一种很强烈的震撼感。之前参加两会我的原则是尽量不躲记者，从入住酒店开始所有的记者采访，不管是中央的还是地方的小报，我全都接待，但是我不会主动找记者。但当马凯同志报告完毕之后，中午我就开始给记者打电话，发短信，除了我发言的时间之外，我就找记者，跟他们谈。我有一种很强烈的感受想跟记者表达，这是一种很特殊的感觉，就是一开始想找找不到，但看到这个，好像这是一种最恰当的表达方式——不是我的表达方式——是新政的表达方式。到目前为止，我还没有看到比它更具有公开性、权威性、战略性或者法律性的表达。

我认为，这个方案，这个文件具有很重要的意义，很值得认真研究。我今天在这里将我的解读，将我从这个报告里看到的习李新政——关于改革的整体战略、思路、方向、目标——跟大家分享一下。

我主要谈这样几个问题，然后我们请两位老师一起来分享他们的观点。首先我谈什么是习李新政，然后谈习李新政的改革方案，再接下来进一步谈我从方案中找到的，我所理解的内容。

机构改革方案标志着改革回到"小政府、大社会"主线

国务院机构改革方案可以从三个层面解读。首先是机构改革，具体可称之为大部门制改革方案。机构的撤并和整合是一条主线，方案的两个关

键词是"机构改革"和"职能转变",职能转变是机构改革后面一个非常重要的过程。如果说机构改革是改革之形,那职能转变就是改革之实。

马凯同志在两会上对方案做说明时非常强调职能转变。与历次改革方案相比,职能转变的表述表现出本次方案推进政府改革的明确思路和方向。职能转变有四个方面:职能转移、职能下放、职能整合和职能加强,重心放在职能转移。职能转变的核心是三个方面:一是政府向市场转变;一是政府向社会转变;一是中央向地方转变。主线实际就是"撤""减"和"小",政府职能在调整过程中能撤就撤、能减就减、能小就小,政府向市场、社会和地方放权和扩权。

因此,此次方案代表了两个调整:一是机构的调整;一是权力的调整。权力调整是有方向的,与历次机构改革很大的不同在于权力走向比较明确。在机构改革方案的10项说明中,前5条都是减少权力。第一是减少和下放投资审批事项;第二是减少和下放生产经营活动审批事项;第三是减少资质资格许可和认定;第四是减少专项转移支付和收费;第五是减少部门职责交叉。改革方案非常明确的一条主线是政府要小,社会要大,"小政府、大社会"的思想贯穿始终。

此次机构改革方案与历次改革的最大不同并不是大部制,将其称为"大部门制改革方案"是错的,应该叫"大社会制改革方案"。改革并不是做大部门,单看某一个部门是变大了,但政府变小了,做大的是社会。职能转变就是缩小政府,社会改革才是此次机构改革的核心和实质,表面看上去是在调整政府职能,在精简机构,实际是放大了社会。

因此,此次机构改革有明确的顶层思路,这也是与历次机构改革方案的最大不同。

其实在改革开放之初的20世纪80年代,就非常明确提出中国的经济改革要朝着"小政府、大社会"方向发展。当时海南建省就是"小政府、大社会"的试验。后来改革进程中出现很多问题,实际并没有走向小政府大社会,在后来的改革实践中,这六个字慢慢消失,人们慢慢习惯了大政府,不光习惯了大政府,还觉得建立大政府恰恰是中国特色之路的应有内容。甚至有的人说,大政府可以办大事,例如可以应对金融危机,应对汶川地震,并向非洲、拉美一些国家推荐我们建立大政府的经验。

但是，最近这两年，关于社会管理创新的实践中出现了一种"回归改革"的新声音。两年前，广东在实践中就非常明确地提出"小政府、大社会"回归改革的思路。这次的国务院机构改革方案给我们一个很强烈的信号，中国要回归到改革主流上，回归到"小政府、大社会"的主线上，必须沿着这条道路继续往前推进。因此，我说它是习李新政关于改革的宣言书。

改革重点在社会组织双重管理体制，目标是扩权社会

在社会改革方面，方案明确提出转变政府和社会的关系，并有战略性部署，那就是改革社会组织双重管理体制，核心的原则和目标是扩权社会。社会改革在机构改革方案中实际是一个整体概念和系统思路。多数人看到的是政府机构改革和职能的转变，而我看到的实际上是社会改革的部署和框架。

"小政府、大社会"是贯穿机构改革方案的顶层设计思路，社会改革也围绕其展开，包括三个大的方面。

第一，改革双重管理体制。改革双重管理体制具体包括三个方面的战略，其一是取消业务主管单位；其二是建立现代社会组织的体制；其三是实施重点培育和优先发展的政策。

第二，转变政府和社会的关系。转变政府与社会的关系是所有国家（还不单是中国）社会改革过程中非常核心的环节。怎么转变政府与社会关系？首先是推进政社分开。政社分开是中国改革过程中的一个症结。其次，政府向社会组织转移职能，将政府负责的部分公共服务职能向社会转移。最后，加大向社会组织购买服务的力度。

第三，发展社会组织，扩权社会。具体表现为健全社会组织制度和管理制度，完善社会组织结构，推进社会组织的"一业多会"，推动行业性竞争机制建设，形成行业自立自治。这些具体的措施都在国务院机构改革方案中，并且明确做出了部署，我觉得有点"受宠若惊"，为什么？国务院的职能部门有 25 个，民政部只是 1/25，而社会组织是民政部十多

项职能之一，但国务院的改革文件，以全国人大立法的形式通过的文件，相当大篇幅在讨论社会组织问题，是不是会让我们有点受宠若惊呢？

在两会期间的分组讨论中，很多委员让我解释什么叫"一业多会"和社会组织的组织形式，好多内容对他们来说是很新鲜的，在两会上去讨论这些问题太具体，这个问题由民政部门邀请几个专家讨论就可以。但是，这也绝对不是随意放在此平台加以讨论，为什么？这是改革的突破口。把社会组织改革放在两会上讨论是"别有用心"的，非常特殊。

具体来看，第一，取消业务主管单位。机构改革方案中非常明确地指出，成立行业协会商会类、科技类、公益慈善类、城乡社区服务类社会组织，直接向民政部门依法申请登记，不再需要业务主管单位审查同意。一字一句都是开创性的，业务主管单位的取消据说有的地方已经在试验，但都带有点"违法"的性质。方案由全国人大通过，就是这句话结束了中国社会组织登记管理的双重管理体制。这是非常值得深入体会的。

其中细分的四大类社会组织，行业协会商会类、科技类、公益慈善类、城乡社区类，听上去好像是社会组织分成了若干部门，但这四大类至少包括了现有登记的社会组织的 80%，这是什么概念？这就叫主流。以前的改革是拿出小部分作为发展重点，现在基本上都纳入，整个体制要全部转换，这是很值得关注的。

第二，建立现代社会组织体制。方案指出加快形成政社分开、权责明确、依法自治的现代社会组织体制，完善相关法律法规，建立健全统一登记，各司其职，协调配合，分级负责，依法监管的社会组织管理体制。这两个提法一个是来自十八大报告，一个是来自"十二五"规划。现代社会组织体制区别于传统的社会组织体制，它强调的不仅是中国特色，更着眼于人类社会发展至今所形成的社会组织等一系列的共性。现代社会组织管理体制很大程度上指国家、政府相应职能的转换和调整，政府自身的改革包括在现代社会组织体制的建构之中。

第三，重点培育优先领域的政策。方案规定取消行业协会商会类、科技类、公益慈善类和城乡社区类社会组织的主管单位，后面又加了一段话，考虑到政治法律类，宗教类的社会组织以及境外非政府组织在华机构的情况比较复杂，成立这些社会组织，在申请登记前仍需要经过业务主管单位审查同意。前一类重点发展，后一类暂时先不重点发展，实际是优先政策的问题。

第四，加快推进政社分开。政社分开在这个方案中，重点强调行业协会与商会和行政机构脱钩，转变行政化倾向，增强自主性和活力。强调该管的要管住、管好，不该管的不管、不干预，实际是把行业协会商会的改革作为推进政府机构改革很重要的方面进行强调。虽然政社分开强调的是行业协会与商会，但实际包括的还有科技类组织、很多有政府背景的基金会，都是政社分开所针对的重要对象。

第五，向社会组织转移职能。在机构改革方案中，有一个很值得关注的地方，那就是在谈及减少政府审批和资质认证职能时，明确提出有些政府职能可以直接转移给行业协会，这是非常具有突破性的。到目前为止的改革，很少把政府一些职能直接转移给社会组织，而此次方案明确提到，由国务院相关部门制定标准，把资质认证职能转移给行业协会。一方面说明政府有些职能可以向社会组织转移，另一方面肯定了一部分社会组织具有公共管理职能，可以成为公共管理的主体，直接承接政府职能。

第六，加大购买服务的力度。这说明有些公共服务领域可以直接向社会组织派发，改革方案列举了五个方面的公共服务可以向社会组织直接开放。

强调公共服务向社会组织开放，实际是要推进其他相关领域社会服务机构的改革。什么样的社会服务机构？事业单位。这些领域的主要社会服务供给主体是事业单位，方案用了"公平对待"的概念，跟谁公平对待？就是要把社会组织和事业单位一视同仁。

第七，健全和完善社会组织的管理制度，包括治理结构。

第八，明确提出"一业多会"，鼓励竞争。这个提法很有特色，主要是针对行业协会商会，明确提出要探索引入竞争机制，"一业多会"提法是具有革命性的。多年来我们一直在讨论是"一业一会"，还是"一业多会"的问题，在改革方案中明确给出"一业多会"概念。

未来社会改革面临"三大战役"

国务院机构改革方案是社会改革的宣言书，标志着社会改革的一个开端，那么，社会改革的前景是什么？应该经过怎样的发展历程，走向哪里？

社会改革应该是中国新一轮改革的主旋律，这个主旋律包括三个大的方面，或者可以说是三大战役。

社会组织体制改革为什么会在国务院机构改革方案中？在表明习李新政未来执政理念和思路的战略性文件中，之所以有相当大的篇幅谈社会组织改革方案，是因为社会组织改革是社会改革的第一大概念。社会组织体制改革是社会改革的第一大问题，其核心问题是改变双重管理体制。

社会组织体制改革的基本目标通俗说就是把组织还给社会，让社会自身组织起来，而不是说政府把社会组织起来，到目前为止，是政府组织了社会。这是社会改革的第一个阶段，或者说是第一大战役。

第二大战役是社会服务体制改革。攻坚阶段应该是事业单位体制改革，它涉及的范围更广，难度更大，可能经历的时期也更长。

事业单位改革的总体方案 2011 年已经出台并开始推进。现在要根据整个社会改革的思路重新梳理事业单位的改革思路。从政府的角度说，事业单位改革就是将政府供给服务变为社会供给，将社会服务的垄断变为竞争，目标就是最后把服务还给社会。这一过程说起来非常简单，但又非常痛苦，也会比较漫长和复杂，因为事业单位改革涉及的内容太多，清华大学就是事业单位。事业单位体制改革难度非常大，但没有事业单位体制改革不可能有中国社会改革的明天。

第三大战役是社会治理体制改革。社会治理体制改革的核心环节是改革人民团体体制。人民团体体制是从战争年代开始，党和政府进行社会动员和管控的一种基本体制，通过 700 多万家，20 多个系统的人民团体进行全面社会动员、整合和建构，比如，共青团是党联系青年的桥梁和纽带，妇联是党联系妇女的桥梁和纽带，工会是党联系工人的桥梁和纽带，科协是党联系科技工作者的桥梁和纽带，残联是党联系残疾人群众的桥梁和纽带，等等。

当人民团体的功能逐渐失灵时，我们又建立起另外一个系统，即"维稳体制"，进行社会管控。维稳体制就是要力图把所有社会成员的行为，纳入政府控制范围内。这几年有的地方尝试建立网格化管理体制，基本目标就是力图让所有社区成员的行为都在政府视野之内。我觉得这是花了很多的钱在做一些非常徒劳的事情。事实上，这种体制实际已经不适应社会发展的趋势，所以要改变这种维稳体制，变维稳为治理，核心是将治理还给社会，治理不是统治，不是管控，是协商。

社会改革是走向现代政治的必由之路

随着社会改革的逐步推进，可能会触及政治体制改革的一些关键环节。社会治理体制中相当一部分已经与政治体制结合在一起，比如人民团体体制，包括维稳体制。随着社会改革的推进，会逐步带动政治体制改革。

我列举三个方面：第一，政协的改革。事实上，政协的改革已经被提上议事日程。本届政协第一次开会时，我们社科界小组就明确提出，通过协商体制，通过不同界别，政协有没有可能成为推动中国政治改革领域的前沿，能不能走在中国政治改革前列？政协的改革与前面所讲的社会改革关系非常密切，广东从 2012 年就开始推动在地市级政协设立社会组织界别，我也提案能不能在全国政协设立社会组织界别，推动界别改革，然后推进协商民主。

第二，人大改革非常核心的环节是推动宪治。人大能不能从立法的形式机构，成为相对独立的立法机构？能不能从依法治国走向依宪治国？这也是人大提出来的，在人大会议讨论中提出的一个命题。

第三，党自身的改革问题。这个问题在中国的改革实践中已经迈出一定的步伐。江泽民同志在任时提出"三个代表"重要思想，就是推进共产党自身改革很重要的一个步骤，向建设全民党迈出了非常重要的一步，但是这一步并没有到位。怎样突破阶级政党的最后一个界限，走向代表全体公民的政党？这是一个值得探讨的政治问题，也是一个理论问题。社会改革会形成一种格局，推进政治体制中一些很关键很核心的问题的讨论与解决。

如果能够实现现代社会组织体制、现代社会服务体制和现代社会治理体制的改革目标，展现在我们面前的应该是一个什么样的社会？那就是"公民社会"，也可以称之为中国特色的社会主义公民社会。

所谓公民社会包含几个基本前提：首先，在法治国家、有限政府、民主政治和市场经济基础上进行社会建构，包括大量多元的社会组织。

其次，在精神文明层面上，可以称之为美好社会。最后，公民社会的第三个面向是公共领域，公共领域是公民和组织之间有各种各样对话、协商和表达的空间，能够形成共识，能够影响公民权利，能够以表达形成力量，制衡政府权力。公民社会从哪里来？公民社会的建构来自于社会改革。

中国未来的政治发展好像已经有了一个很清晰的脉络，并展现在面前。我们曾经从改革一开始就遇到跨不过去的一道坎，就是民主化道路，在未来社会改革的建构过程中，好像能够跨过去。中国可以不用付出巨大的社会震荡代价，走向一种现代政治，依靠什么？依靠社会改革，依靠公民社会。这个憧憬不是来自于简单的梦想，而是来自于具有现实性、操作性和一定法律效力的机构改革和职能转变方案。

这是我个人的学习体会，借此机会与大家分享，谢谢大家。

马剑银：刚才王名老师跟我们分享了他参加两会之后对习李新政的一些个人感受以及他对未来社会改革强烈的期待。当然，王老师自己也承认，他可能比较乐观。这种乐观可能代表了很多人的期盼，当然可能还存在一些比较悲观的人，对习李新政或有着不同的解读。

在我的阅读印象中，现代性政治的发展，或者说我们对现代政治的认知经历，常常会有以下一种相似的过程。一开始大家对政治的印象是"广场政治"，老百姓对政治领导人有一种非常强烈的期待，老百姓与政治领袖共同参与，以饱满的热情共同参与；后来政治慢慢就会演变成一种"剧场政治"，老百姓变成了观众，成为旁观者，而政治领袖则变成了演员，卖力地表演，他们或者面无表情，或者吟诗作赋，或者手舞足蹈，或者张牙舞爪，老百姓则总是觉得是在看戏，与他们自己无关。但这一次伴随着习李新政的到来，老百姓仿佛觉得政治领袖在向平常人回归，乃至"第一夫人"带什么样的包穿什么样的衣服都成了大众媒体街头巷尾谈论的热门话题了。这种从"广场政治"到"剧场政治"再到"日常化政治"的这样一个过程的想象，是否也呼应了王老师所说的这种乐观的期盼呢？让我们来听听来自法学与公共管理学领域两位知名教授的想法吧，首先有请来自国家行政学院的马庆钰教授。

马庆钰：王名教授在两会上那几天，会间我们常有短信联系。一方面是高兴，祝贺他作为全国政协委员参加大会；另一方面还希望他代表我们提出好的提案建议。他是我们社会科学界别的一面旗帜，是我们的代表。两会结束后，他就组织这个党课，专门就社会组织体制建设讲他的认识和观点。我觉得党课这么上实在太好了，以后我们提倡上党课都这么上。在座的各位，有很多是王老师的学生、弟子，还有咱们清华大学公共管理学院的学生，借这个机会和大家接触一下是很好的。清华公共管理学院里都是一些出类拔萃的学子和学术精英，因此在对王老师的演讲进行评论之前，先和各位说，硕士毕业以后如果想到国家行政学院去攻读更高学位，欢迎大家考我的博士研究生。只要一说是王名老师这里的，我会优先考虑。

　　王名教授刚才做的这个演讲，我觉得非常沉稳、非常深刻，引发我很多思考。作为一个学者，我觉得很难当，特别是在这样一种土壤环境中当一个学者是很不容易的。一方面我们得有社会良心的坚守和社会责任的担当，另一方面还得保护着自己。要不然的话不仅责任担当不起来，而且连本钱都没了，那就什么都没有了。所以学者，特别是到了一定程度的学者，他就得有走钢丝的功夫。专家学者就是走钢丝的特殊职业。官方出来一个方案政策，作为学者一方面要循纲走线，在权威框架内进行解释，另一方面是在纲线原则之外进行新空间的拓展和耕耘。这是一个走钢丝的功夫，即一只脚走在线上，另一只脚要去做冒险性探索，好的学者是两只脚都有过硬功夫，不能演砸了。一个国家的社会制度之所以能够发展，不是因为大家都跟在官方政策和现有制度后面亦步亦趋，鹦鹉学舌，而是因为有相当一批学者敢于和善于在国家政策和制度的绳墨纲线之外去寻求新空间的挤占和拓展。这种不断挤占和拓展的过程就是一个国家社会一步步前进的过程。所以我觉得王名老师今天讲的这个内容，讲得非常智慧、非常有见地，既对习李新政进行了解释，又基于学者的责任和洞见，对实现社会制度和宪政建设的理想进行了深入阐释，这是中国在新领导集体带领下大家希望实现的中国梦。王老师在这里不仅体现了一个学者的社会责任担当，而且也体现了作为一个全国政协委员的社会责任担当。

　　今天王老师说到习李新政，这是一个新概念。新在哪里？王老师讲到了一个亮点，这个亮点不是机构整合或者拆分，这些都不是很主要的。重要的是在后边这一点上，就是政府职能的转变和转移。职能里边体现着一个政府的理念和落脚点。基于职能转变建设服务型政府的理念，它下一步有一些新的打算，涉及一系列改革的举措，这是亮点所在。对王老师的这个判断和解释，我也是赞同的。包括最近一段时间，接受各种媒体的采访时，我对这次改革的举措也是持肯定态度的。

王名教授的演讲思路是很清晰很有逻辑的，他在新政府改革方案基础上，在一个值得肯定的基础上进一步往前走，一步一步地从社会体制的改革到社会服务的改革，再到社会治理制度的改革，然后推出公民社会的发展，最后走向一个大家一直期待的政治改革的目标，即包括宪政在内的民主政治制度的建立和完善，这是对新政未来进程的一种推演和期待。

宪政是一个比较诱人但也是比较敏感的概念。王名教授讲到了这个目标。宪政确实是非常好的东西，无论如何它是一个制度建设的方向，应该来讨论，应该来实践和发展，毕竟它是我们执政者早就确立的一个追求，不应该因为阶段的变化和个别领导者的个别认识而有所动摇，我们肯定要走到那个地方去才行，走不到那个地方就违背了执政党在建国立国之初的诺言。刚才咱们王老师在党课报告里面讲到了这个制度追求，我非常赞同。我觉得他讲的很系统、很逻辑，既有对改革创新的阐释，也有对新政未来走向的展望。也就是说，习李政府下一步，可能会在方方面面的因素影响下，在社会大众梦想的推动下，会在前几代领导的基础上，朝着民主的方向走得更远、走得更好。这个目标是体制上下和全体人民的事情，学者们应当尽自己的本分，做我们应做的倡导和促进工作。在社会科学这个界别里边，我们会在王老师的带动下，凝聚力量共同努力推动社会组织体制建设，朝这个美好方向走。

听了王名老师的演讲，我也受到一些启发。这段时间我也在思考这次两会的亮点到底是什么，正如王老师说的，职能的调整转移和转变的确非常重要，因为职能和结构调整有关系，和社会的变革有关系。政府职能转变说了好多年了，1988 年就说，随着说也进行改，但相比较而言，我觉得这次职能变化比较多、比较实在。通过减少审批、减少登记、减少许可、减少收费，向企业让渡空间；通过简化登记程序，减少挂靠管理，杜绝官员在社会组织的兼职等，向社会让渡更多空间；通过下放资金的审批权限、下放经营活动的审批权限、下放转移支付的支配权限等，向地方政府让渡空间。这些职能调整措施都涉及政府特别是中央政府的改革走向，进一步说就是政府管理的转型问题。

从国际视野来看，这种变动与改革和当今世界潮流是相吻合的，是与国内社会发展环境变化要求相一致的，是与我国社会公众正在产生的新愿望新期待相契合的。刚才主持人马剑银老师说到一个概念，叫"剧场政治"。对这个概念我也有我的看法，在去年（2012 年）年底民政部有一个年终论坛会议，除了我们社会组织理论界的十几位教授学者外，民政部、中编办、财政部、发改委、全国人大、全国政协，以及一些全国性协会也有不少代表。当时我说了我的观点，也就是社会组织和政府转变职能直接相关，虽然公共权力这边已经有所认识，但是还不够。比如在购买社会组织服务上，好像有点居高临下和施舍帮助的心态，这是有问题的。实际上不是官方在帮助社会组织，而是社会组织在帮助政府解围，应当认识到目前社会组织是政府的救星，如果看不到这一点，政府职能的转变和政府管理的改变就不会有实质性动作。

受到王老师启发，我进一步来讲其中的道理。就以现在解决社会矛盾的出路为切入点。大家都看到目前中国社会矛盾不仅多而且有尖锐化的趋势，大家注意了，1993 年的时候，社会群体性冲突事件一年不到 1 万起，8000 多起吧。到了 2010 年之后，一年上 10 万多起，2011 年和 2012 年都超过了 15 万起。令人不解的是在这个过程中，我们的政府其实并没有少做功夫，围绕改进社会管理，国家执政者投入了越来越多的政策、精力、物力、财力，包括维稳的努力，花了比以往多得多的钱，结果怎么样呢？效果不明显。好，我们又围绕改进社会服务进行努力，投入了很多的物力、财力和政策精力，做的也实在不少，也确确实实使社会，尤其是农村社会的上学、看病、养老等问题有了不小的改变。但是怎么样呢？对社会紧张状况的改进有多少呢？不明显。反倒社会上照样弥漫着"拿起筷子吃肉，放下筷子骂娘"的心态和现象。这就需要我们思考了，问题的症结在哪儿？问题的症结就在于社会参与不足。刚才主持人马老师用到了"剧场政治"的概念。你看吧，长期以来有机会在公众面前表演的就那么个单一渠道，就那么单一的一些人，上来下去又舞又唱，用劲拼命地在那儿表演，已经够卖力的了吧。但是弄来弄去，上

习李新政与社会改革

13

面表演者不知道下面观众和听众的情绪在悄悄地发生着变化。他们开始时还认真欣赏，时间一长，听的看的在底下就开始厌倦厌烦，就开始焦躁和审美疲劳。换位思考，如果换做你是观众，长期在那儿做一个局外人，你也会有疲劳厌烦的时候，当一段时间也就罢了，老让你在那儿当观众，上边的人老当"麦霸"，时间长了以后底下人慢慢心态就变了。这时候你表演得再好，下边也无人喝彩啊，不光是无人喝彩，时间长了底下观众可能会盼你演砸。这就是心态出问题了。这时候问题不在于上面演员演得努力不努力演得好不好，而且面对心态变化的观众，演得再好也没有用了。这个现象非常值得注意。

经济学家罗斯托有一个罗斯托模型，结合这个模型我们可以领悟到一些深层次道理。罗斯托说社会发展有那么六个阶段，包括准备起飞、起飞、成熟等等。其中成熟阶段是社会管理的一个重要分界点。按照世界银行的富裕程度标准，成熟社会的人均 GDP 应当达到 4000 美元以上。我认为在成熟阶段之前，也就是处于物质匮乏阶段，社会大众的欲求心态是什么呢？是追求物质生活的满足。一旦脱离这个时期，进入社会成熟阶段以后，会出现重要变化。这个时候社会大众心态变成对社会参与的追求。中国现在人均 GDP 到了 6100 美元了啊，如果真是这样的话，我们就进入中等社会或者中等偏上水平，显然已经是在成熟阶段。

中等富裕程度的社会，到了这个阶段你可以想想，人们的心态要发生变化了，物质追求不再是焦点，而参与追求成为社会大众的主要目标。管理者领导者如果不注意不认识这个变化，继续以不变应万变，那么就谈不上管理效率。执政管理者如果在职能边界上没有一个科学的切割，在管理上没有一个共同参与共同治理的公共管理理念，我想现有不断增加的社会矛盾肯定是无法根治的。无论你怎么来做管理，怎么做服务都是没用的，因为现阶段的矛盾根源于心理对抗，这是心态的变化和心态的对抗。所以和王名老师相呼应，我认为在目前来讲，管理、服务、参与这三个东西的权重发生了变化。我给执政者和管理者的建议是，要解决目前中国社会矛盾多发的问题，政府管理需要转型，应当从传统行政走向公共管理和公共治理。当下对政府而言，改进社会管理不如改进社会服务，而改进社会服务还不如改进社会参与。这是我国面临的一个战略性转变，也是执政党和国家政府政策的一个新的选择。

两会上公布的改革方案强调政府职能转变，实际上露出这样一个端倪，那就是切实调整好权力与市场企业、权力与社会，以及中央与地方各级政府之间的职能边界和距离。总而言之，政府管理必须要从集中走向分散，要从一元走向多元，从垄断走向参与，这就是政府的转型，就是社会制度建设的未来。谢谢大家。

马剑银：谢谢马老师，马老师刚才也是激情洋溢地阐述了他跟王老师在观点上众多的契合点，同时也谈了对我刚才随口提出的"剧场政治"的理解，我觉得比我说的要深刻得多、精彩得多。从我进清华 NGO 所从事博士后研究开始，跟随王老师学习公民社会方面的理论也有不少年了，我了解其实前两年王名老师一直憋着一股气。大家都知道，虽然这次王老师非常乐观地在讨论新政和社会改革，但前两年的时候，周本顺先生和俞可平教授几乎同时在官方媒体上发表了观点激烈交锋的文章，使得我们对公民社会或社会改革的前途产生了迷惑。甚至作为公民社会实践先锋的深圳，也开始悄然回避这个概念，王老师当时也非常郁闷。我今天听王老师的报告，觉得他实际上大大地舒了一口气，似乎前两年的迷雾有点散开了的感觉。他告诉我们这一届政府能为我们带来这样的希望吗？实际上我们是可以期待的。接下来让我们来听听我的师兄，也是我的同事，北京师范大学法学院的刘培峰教授来谈一下对新政的体会，大家欢迎。

刘培峰：非常高兴给我这样一个机会让我回到母校，再向王老师和马老师学习，王老师是我的授业恩师，我们经常在一起私下讲我们都是王名之徒，我只是当王名之徒比你们早一点点而已。因为要来这儿向王老师学习，所以今天上午起得很早备了备课，但是他们两个讲完以后，我也不知道我该怎么讲更合适一些，我同意王老师好多乐观的情绪，也同意剑银提到的从"广场政治"到"剧场政治"再到"日常化政治"的这种看法，更赞同马老师刚才讲的从审美疲劳到审丑疲劳的过渡。

对王老师的讲座，我想从下面四个角度谈一点体会。第一乐观情绪，第二机构改革，第三社会改革，第四中国梦。首先第一个问题，乐观。坦率地讲我这几天也很乐观，我的乐观起源于宪法三十周年纪念会，习近平总书记讲了，宪法的生命在于宪法的实施，作为一个研究宪法的学者，我自己认为我们宪法有几十年历史了，但是宪法的实施状况不容乐观。现在强调宪法实施是一个很好的事情。第二个是那天看到李克强总理的记者招待会，他一开始讲的是说要忠于宪法、忠于人民，这是一个很好的提法。我们也看到最近一段时间反腐败其实做得很不错，而且社会风气为之一振。

但是转念一想，这样的乐观情绪我们十多年前也是有过的，当时是胡温新政。中国遇到了"非典"，当时新的政府雷厉风行，做了好多的实际工作，而且民生有很大的改观，我们当时也乐观地认为一个新的时代来了。当时也是有好多改革，领导人过去出国访问的时候，先要到人民大会堂集体去欢送，最后集体去迎接，这样的东西都没有了。当然这一次改革更大，反腐也是有的，每一次都要有这样一个做法，因为反腐败既是一个政治改革的技术，也是一个人事清理术。所以从这个角度上来讲，有些时候是必要的，甚至是必需的。

那么从另外一个角度上我们会看到，不容乐观的是，这十年改革推进的力度并不是很大。推进力度很大的是民生问题解决。我是一个农民出身，回到农村以后看到我这样一个农民的父亲能拿到一点钱了，再不用交公粮了，觉得这是很好的事情。但是从整体上看，我们会感到社会并没有大的改观，而且有的地方正在恶化。例如国有企业巨大的扩张已经使市场的活力损失殆尽，社会领域的改革、事业单位的扩张和国进民退使整个社会的活力在消逝，公共参与的渠道其实慢慢地在封闭化，大家会看到整个社会阶层在固化，新一代人的上升空间越来越小，当然还有马老师说的社会矛盾。所以我想，乐观的情绪我们是不是稍微地谨慎一点点，这样可能更好一点。

腐败肯定是一个社会问题，但是腐败不是社会问题的原因，它是问题的结果。要解决腐败问题，要更进一步地寄希望于体制的改革，如果体制没有更进一步的改革，我想我们生活其中的人很难置身于其外，所以这是一个很重要的问题。最近反腐败我们也看了，大家看到最近网上披露了因为违反八项规定，处理了六个单位，那六个单位我看见好像都是村委会和乡政府。大家都知道腐败是一个权力和资源滥用行为，谁最腐败，掌握资源最多的地方可能会腐败。村委会和乡政府一定是政府的末层，几个苍蝇能给社会带来多大风险。因此反腐继续推进并不乐观，这是第一个问题。

第二个问题机构改革，回首1998年的机构改革，它与这次的机构改革最大的不同是，1998年机构改革是整合了一些部门，这次机构改革最亮的点是职能转变，而且职能转变有一个清单。今天很高兴地看到王老师拿的那个清单比我看到的清单要详细得多，因为我原来看到的时候，感觉到好多方面并没有实在的东西。1998年的改革叫"大部制改革"，大部制改革的结果是生产了大部，当时的两个部合了以后出现了9个副部长——因为职能没有转变。后来到政府机关去调研，我们忽然会发现人给裁下去了，但事干不完，最后只好到各个地方借调了好多人，又加重了地方好多部门的负担。这次结果会怎么样？我不能特别清晰地看到，但是我有几个线索想跟大家共享一下。第一个大家会看到，机构改革里面最关键的顶层设计的部门并没有出现，因为大家都呼吁机构改革要总体进行，不要部门自身改革或革命，那其实是做不到的。比如发改委并没有根本性的改革，而这几年改革很大的阻力就在发改委自身的改革，因为发改委在垄断权力和垄断社会生活，但这个地方并没有做实质性的改革，这是第一个我想给大家讲的线索。

第二个线索不知道大家关注到了没有，温家宝在政府工作报告里面讲改革，他的讲话和最后公布的稿子里面有一个差别，他一开始讲的时候说要全面推进经济、政治、文化和社会领域的改革，可是公布出来的修改稿却是说，要继续深化经济体制改革，继续稳妥推进政治体制改革，"继续稳妥"这几个字我不知道断句断到哪一个地方更合适，是"继续稳妥"还是"继续……改革"，还是"稳妥改革"。

第三个线索是，大家会看到，我们实际上在加强了一些部门，发改委有四个中央委员，公安部有三个中央委员，住建部没有中央委员。我们国家，其实行政体制是党领导下的部门分工体制，那么哪一个部门党的力量强就证明它的权力更大，也就是说新一轮的机构变迁过程中，实际上公安部和发改委依然在加强，公安部实际上是社会稳定和警察体制的一个体现，发改委实际上是计划经济的长期延续的东西，所以我们对市场改革和其他东西能够期待多少呢?

第四个线索是,我们看部门的名字,不要说削减一个职能,连改一个名字都如此困难,名称搞得那么长。政府部门的职能是不是一定要和它的名字对应?并不是这样。大家都知道,在历史上刑部和大理寺,有一段时间刑部是主管司法审判的,大理寺是管上诉监察的,但有的朝代则刚好相反。也就是说,政府部门职能不一定要和它的名字对应。为什么现在要搞对应?这是利益不平衡和利益代表的结果,这就表明公共权力已经被部门瓜分了,大家都想在新的部门里面显示自己的重要性。比如说,计划生育的职能完全交给卫生部怎么就不行,卫生部就不能管计划生育了吗?人口发展其实和卫生健康是一致性的东西。因此我们会看到改革的难度,所以当我们乐观的时候,是不是再审慎一点。当然如果王老师后面拿的那个清单全部都实现,我倒认为我们真的可以乐观。

第三个问题就是关于社会管理体制改革,王老师刚才说他有点"受宠若惊"的感觉,因为把社会改革提得这么重要。但是作为一个研究社会变迁的学者来说,我特别同意马老师的这句话,社会改革关系着中国改革的成败,最终关系着中国社会能否成功转型,为什么要这样讲?大家回首一百年或者是两百年的近代社会变迁历程,我们会发现近代社会变迁是从两条路上走的,第一个是由传统的封建国家过渡到近代民族国家,也就是现代的代议制体制,建立了现代的官僚体制。但是在这条线转型的时候我们会发现,有的国家走向民主化的时候,它的民主是成功的,有的国家走向民主化的时候,它面对的是一个混乱的社会秩序,最后的结果是什么问题呢?独裁政治和社会混乱的循环往复,我们会看到拉美有这种现象,包括过去其他转型国家也出现过这种现象。在研究这种现象时我们会发现,关键的问题是在政府转型的同时,如果社会也转型了,政府有了一个帮手,这个时候它的转型才不会走向失败,民主才会成功转型。所以中国实际上经历着这一过程,它其实要走两步路,第一是政府自身的转型,第二是社会转型,建立现代社会体制,那么现代社会体制将成为现代政治转型的基础。也就是说,它要解决民主政治的可持续性的问题。从这个角度上讲,我认为把它提得多高都是没有问题的,比如说现在讲到城镇化的问题,如果没有现代社会的城镇化社会组织管理体制，等于把乡村搬到了城市，人们同样老死不相往来，同样会出现好多问题，而且还会出现现代社会病，比如说我们去年在广东番禺看到的情形，一个社会里面不同的族群之间，老的住民和新的人群发生了冲突，而且这种冲突和我们在法国巴黎社会冲突和英国伦敦冲突中看到的东西是一样的。也就是说，我们既要面对传统的因为权力受到损害的社会冲突，又会遇到在现代社会里面不同族群之间因为价值观、文化差异的冲突，这种冲突是单靠政府的能力能解决的吗？所以从这个角度上来说，我们应该从社会变迁和国家转型这个路径上来看社会管理体制改革问题，把它提得多高都没有问题。关键的问题是我们需要静下心来认真地来做一些研究，究竟转型应该怎么转，怎么做，关键的问题不是名字的转变。

我们文人总有一种天真，我们努力地想改变这个社会。当然我从来没有这样想，我认为自己就是一个读书人，读几本书，做了一些研究。但是我们好多人还是像中国传统的士人，总是想达则兼济天下，我们想改变这个世界，当我们感觉这个世界不能被改变的时候，我们换一个名词，假设这个世界已经被改变了。所以我认为，与其这样，我们是不是倒不如认真地做一些研究呢？

最后一点，谈一谈王老师的"中国梦"。我同样认为，公民社会是中国梦，但是我不同意王老师的几个主张。不同意的第一个主张是用协商民主来改变社会。协商民主肯定是一种很不错的方式，但是在现代社会里面，协商民主只能是作为代议制民主的补充而出现的，没有代议制民主的协商民主，根本协商不下去，为什么要你来协商，而我不能协商，协商的人会不会变成利益集团或者出现利益固化的情况，最后变得比他所反对的东西更坏？这样的事我们都已经看得很多了，所以我们既然是现代社会体制，我们就要把现代社会的基本的骨架搞清楚。第二个主张是用人大制度改革来推进宪政，我也不太同意。宪政和人大制度之间是什么关系，现在我有的地方想清楚了，有的地方想不清楚，所以在这个地方还是不要乱讲了。对第三个主张"执政党要向全民党转变"我也不是很赞成，我个人认为可能是革命党向执政党的方式转变，因为"全民党"本身是不是一个良好的提法都是应该再认真商榷的。其实中国现在社会转变的难度在于，不简单的是社会体制的改革，最重要的是政治体制的改革，政治体制改革的关键是中国共产党自身的改革，如果我们没有这个改革，我们是走不远的，所以下一步怎么走，其实有好多东西既是需要勇气也是需要智慧的，但我想更需要的是勇气。既然是现代社会，我们为什么不学习别人的那些先进的东西，这个路也不走，那个路也不走，干脆摸石头过河，摸石头摸起来很好玩，大家谁也不要过河了，就这么摸着摸着，大家都在这儿摸，就是不过河，这就要命了。谢谢。

马剑银：谢谢刘老师，那么我们下面先请王老师回应一下两位老师的评论，然后再进入提问的阶段吧。

王名：我不是直接回应，我讲两个故事，我用两个故事来回应一下。第一个故事是关于宪政的。今年政协我提案特别多，一共 16 个，我估计我可能是政协委员中间提案最多的，16 个提案全部立案了，有一个提案被转成内部，我琢磨这个提案怎么"内部"了，后来我想想看我用了"宪政"两个字。我说要加强以宪政为中心的公民教育，可能就是因为这个原因被"内部"了，我自己提的时候是公开的，结果被内部化了。我估计可能是因为宪政是一个比较敏感的词，这是一个小故事，没有什么特别的意义。

第二个故事是关于城镇化的，刚才刘老师也提到过。城镇化过程中间会有一个很大的问题，就是我们会把旧社会带到新社会去，我刚从海南回来，两会完了以后我去三亚调研，到了三亚我们去调研海棠湾的城乡一体化。实际上他们的规划做得还是相当不错的，我们其实也希望把这个案例能做得正面一些，但我突然发现一个问题——他们实际上在把农村社会搬到城市。他们村委会直接就搬到海棠湾的风情小镇，我们跟他们接触，包括在村里调研的时候我就发现，它那里其实没有社会，原来就是一个村委会，所以它把这个村委会直接带到这儿，连名字都不改就想搬到这儿来了。我说你这个名字要改了，起码要改成个居委会，但是我发现这还不够的，没有社会的地方有居委会你还是政府的一个机构。所以后来我发现这是一个很大的问题，我跟他们讨论的时候我也发现这个问题。我说这个问题很严重，征地给农民人均补偿好几十万，很可能农民还是不满。就是这个地方没有社会，村民直接面对的是政府。我觉得我们在社会建设里面常常存在很大的问题，那就是我们建的可能不是新社会，可能无非就是在复制旧的东西。其他的东西我就不回应了，我只讲这两个故事。

关于顶层设计，其实机构改革方案里有一句话，我念一下，这句话实际上就回应了一个问题。"至于完善体制改革协调机制的问题，由于涉及经济体制、政治体制、文化体制、社会体制、生态文明体制等方方面面，下一步需要进一步听取各方面意见后统筹考虑。"这段话是回应顶层设计问题的。为什么没有一个顶层设计部门？这段话回应得还是比较巧妙的，也说明中央对这个问题有所考虑，但是目前时机不够成熟。我个人对这个方案是这样看的。千万不要认为这个方案就是一个完善的方案，它只是告诉你，我们要改革，这个方案最大的意义在于给了我们一个信号。它告诉我们，要改革，而且改革的方向很明确。至于具体的操作方案，决策者还要足够的空间。我也不是完全的乐观。因为我们曾经有很多希望被失望替代了，但是我觉得还是有足够的时间的，我觉得我们期待第二步、第三步，包括关于机构的、关于职能转变的、关于社会改革的新的方案的一步一步地出台和落实。

马剑银：谢谢王老师，我们进入现场提问阶段。因为时间关系，我们先把问题提了，然后再集中回答吧。

与会者一：我想请问各位老师，中国社会走到今天，阶层固化的问题怎么办？谢谢。

与会者二：各位老师，我有一个关于政党的问题。我觉得党存在的一个基础就是要"党同伐异"。如果我们的党真像王老师说的，成了一个全民的政党，我觉得它就没有存在的必要了。是不是我们改革的最终的目标，就是要以"亡党"替代"亡国"吗？这个问题因为我想得不是太清楚，所以我想听一下老师们是怎么理解的？谢谢。

王名：我先挑我喜欢的问题，我先回答关于政党的问题。政党是现代政治的概念，但是我个人有一个很强烈的认识是这样，我觉得人类社会的进步，是走向大同。在你这个意义上就是"亡党"，"亡一切党"。我觉得这应该是一个理想一个目标。但是这个理想是通过所有人的党，来替代这个少数人的党。我觉得这个所有人的党不是所有人的一个党，当所有人都能结党的时候，这样的社会是一个公平社会了。我们可能希望这样一个目标，它不是说我为了你的党，或者我跟你的党斗争。而是说我有我的党，我的党跟你的党我们大同。我觉得这是一个我们公民社会的基本所在。

我刚才讲公民社会分为三个层面。第一个层面，它是叫结社生态。可能这是一个，它的一个前提是自由结社，实际上政治结社是一切结社的前提。所以我觉得在这个意义上讲呢，我们不讲是哪个党，可能人类的未来是一个没有统治性的、强权性的、集权性的政党。当然这个不能用你所提那个概念"亡党替代亡国"来指称。

刘培峰： 不好意思，其实我更应该回答王老师刚才回答的这个问题。因为我自己是研究宪政制度的，政党制度是现代宪政制度的核心之一，没有现代的政党制度很难有效地进行宪政。但《说文解字》里面对党的解释是"相助匿非曰党"。那么我个人感觉到统治的可持续性和统治的有效性之间，永远是一个成反比的命题。那么我们要怎么样在它的有效性和可持续性进行一个选择，任何一个组织，我想都应该有一个限度。所以只有转换统治方式，才有可能实现永久统治或者说长期统治。这是政治学里面一个简单的命题。我们也看到了国民党的例子，它在台湾地区转型了，变好了，获得了新生。所以从这个角度上来讲，单纯作为一个学术问题来看待，我认为这是很好解释的，但是作为一个现实问题它就变得很复杂的了，那我想放在这个场合上讨论肯定是不合适的了。

至于说阶层固化这样的东西，现在我也有这样的感觉，我经常感慨，如果我们当时像现在这样，那我们还能不能上大学？所以怎么办呢？我想马老师研究这个问题比我研究得更好。但是我感觉，也恰好是我刚才要讲的，没有竞争性的社会参与，只有庇护效忠式的参与，最终的结果只能是阶层越来越固化，由协商的参与体制，变成寡头式的参与体制，最后由公共政治变成一种分利的政治。这是没有办法的，因为它缺乏内在的竞争和压力。所以只能说在任何一个政治里面，协商式的政治肯定是竞争式政治的补充，它不可能取代竞争式的政治。因为没有竞争，谁是代表者？谁是真正的代理人？假如我们把他选上来了，没有社会竞争的压力，他会变成一个分利之人还是政治的代言人。他会变成一个保护性的代理人，还是掠夺性的代理人。这样的事情我们现在是没有办法解决的。所以可能希望一个更加开放的和竞争性的社会格局的建立。但是这个东西就是改革的问题了。当然王老师刚才已经用了好多革命的话语，他认为这也是革命，那也是革命，我想只有这个地方才是真正的革命。可能包括我们每一个人，因为我看我们今天在座的很多同学已经是官僚了，你们也都是在社会的权力阶层中，改革如果没有涉及我们每一个人的利益的时候，恐怕还没有真正深入。因为真正的社会弱势群体，说白了还没有坐到这个地方，他们基本上是没有话语权的，我们多多少少还有一点点。马老师，不好意思把这个石头推给你了。

马庆钰：刚才咱们王老师还有刘老师，他们都说了些观点，关于那个同学所说的那个事情很敏感，敏感但我还是要补充一下。我要怎么补充呢？我跟你说党这个东西，就和政府一样，都是在人类社会化过程当中，组织化过程当中不能离开的东西，是我们必不可少的。但是这个东西非常危险，我有时候就觉得这都和权力有关系。我觉得权力这个东西，它就是一个双面人，一半是天使，另一半是魔鬼。权力的本性就是这么一个东西，非常可怕的东西。所以公共权力一旦产生了之后，成功的治理就是要通过制度设计，把它的魔鬼这一面，最大限度地压抑住，让它彰显天使一样非常美丽的面孔。所以世界范围内凡是成功治理的地方，都有这样一种限制权力的机制。凡是失败的地方都是因为我们的制度设计没有对限制权力起多大的作用。所谓宪政无非就是把权力关到笼子里面去，把这张脸上最难看的、最可怕的地方挡住。同样政党也是这样，一个政党也是一个双面人。所以我们需要怎么办呢？我们需要政党法，需要政党法和宪法配合，对权力进行限制。我们的这个政党也需要一个政党法把它关起来，对不对？你不能够为所欲为。你如果为所欲为的话，就会成为灾难。我就不多说了。

马剑银：谢谢马老师。时间也差不多了，我们再次感谢三位老师精彩的报告，以及他们带来的丰富犀利的观点，本次沙龙到此结束。谢谢大家参与。再见。

（责任编辑：马剑银）

构建与市场经济体制相适应的社会体制

——在首届中国社会建设论坛上的发言

广东省社会工作委员会　刘润华

【主编按语】这是作者 4 月 13 日在参加首届中国社会建设论坛暨社会治理研究中心成立仪式上的发言稿，经作者授权，本刊全文发表。我与作者多年神交，在其主政广东社会改革期间深感其观点之鲜明，见解之透彻，思想之深刻，他无疑是广东改革最好的见证人。故本期临时选用这样一位我称之为"行动中的思想者"的短文，以传达来自广东社会改革第一线的"真声"。

各位嘉宾：

上午好！

感谢论坛给我宝贵的发言机会。北京、上海是老大哥，它们都是全国真正意义上的中心，而且社会建设机构都成立得比较早，刚才都介绍了很多很好的经验。尽管广东也做了不少探索，但我不敢班门弄斧，不敢炫耀我们的工作，只能抛出几个不成熟的观点，请大家批评指正。

第一个观点：社会体制改革的关键是清除计划经济痕迹。

经济是基础，经济体制是各种体制的基础，有什么样的经济体制，决定了我们需要有什么样的其他各种体制。

与计划经济体制相适应的是大政府，政府尽量揽事，只要能够管得到的事，政府都要管控起来。与市场经济体制相适应的是小政府，只要可以不管的事，政府都应该尽量转给市场和社会。改革开放以来，我们

24

实现了从计划经济体制向市场经济体制转型，客观上需要构建一个服从于并服务于市场经济体制的社会体制。但是，由于改革不同步，我们的社会体制仍然按照过去的模式运作，政府全面包办社会事务，导致社会功能缺失，活力下降，政府在各种社会矛盾中越陷越深。因此，我们必须坚持市场经济的改革方向，既要通过行政体制改革，转变政府职能，切实把权力关在制度的笼子里，建设小政府；又要清除社会体制中的计划经济痕迹，切实提高社会的自组织能力和自治水平，建设大社会。通过改革，厘清政府与社会的边界，构建平等的政社关系，形成自上而下的行政管理与自下而上的社会自治相结合的新的社会治理结构。

第二个观点：社会建设的本质是建设社会而不是管控社会，要用体制外的力量撬动体制内的改革。

建设社会就是要把社会做大，培育草根和民间自治的力量，最大限度激发社会活力，促进社会多元发展。社会力量可以监督政府、制约资本，最终形成政府、市场和社会协调发展，体制内外相互制约的良性机制。要把社会做大，必须先把政府做小，必须确保政府依法行政。只有这样，才能最大限度地为社会提供广阔的发展空间和良好的制度保障。

无论是建设小政府还是建设法治政府，都需要政府有改革的自觉和壮士断腕的精神。但是，行政文化是一种酱缸文化，有很强的惯性和惰性，体制内缺乏改革动力，坐等政府自我革命，不靠谱。因此，我们要在确保党委领导和政府负责的前提下，最大限度地推动社会协同和公众参与，构建一种可控、有序的来自体制外的改革压力机制。比如，广东正在按照《广东省基本公共服务均等化规划纲要（2009~2020年）》的精神，探索构建一个政策公众评议机制，对基层政府及其职能部门推出的基本公共服务政策是否符合均等化原则进行评议。我们希望，通过社会组织等载体，通过公众评议和网络问政等方式，动员社会各界广泛关注和参与社会事务，凝聚推动社会改革动力，借用体制外的力量撬动体制内的改革，形成体制内外的良性互动的改革机制。

第三个观点：重点推进社会组织和基层社区体制改革。

社会组织和基层社区是激发社会活力的两个基本平台，也是广东推进社会体制改革的两个重点领域。

广东社会组织体制改革概括起来是八个字："去行政化""去垄断

化"。所谓"去行政化"就是回归社会组织的民间属性。所谓"去垄断化"集中表现为实行"一业多会"。在改革中，我们遇到很大阻力。政府部门说，改革增加了管理难度。行业协会说，改革增加了生存压力。我们认为，改革的目的不是为了方便政府管理，也不是为了维护少部分人的既得利益，改革必须站在宏观的角度，追求社会利益最大化，任何组织和群体都不能将自己的利益置于社会的利益之上。

广东基层社区体制改革概括起来是四个字："去行政化"。村（居）委会都是基层群众自治组织，由于承接了大量行政性工作，带来机关化运作和自治功能缺失等问题。广东推进基层社区"去行政化"，就是要回归村（居）委会作为群众自治组织的本质属性，把村（居）委会作为人民群众参与公众事务的训练场，作为促进人民民主发展的基础平台。

无论是社会组织改革还是村（居）委会改革，我们都是立足于清除体制中的计划经济痕迹。

第四个观点：社会建设要有跨部门的统筹协调机制。

过去，经济体制改革的最大阻力是姓"社"还是姓"资"之争。现在，社会体制改革的最大障碍来自既得利益格局。在现行体制下，由部门各自改革，容易固化以部门为基础的既得利益格局。因此，有人呼吁恢复"体改委"。事实上，只有建立跨部门的统筹协调机制，才能有效打破既得利益格局，才能更好地推进社会体制改革。

2011年7月，广东省委召开十届九次全会，专题研究社会建设问题，颁发了《关于加强社会建设的决定》，成立了省市县三级社会工作委员会，由同级党委副书记等领导担任主任和副主任。根据三定方案，社工委与社会建设各部门的关系是决策与执行的关系，但如何与社会领域各部门真正形成合力并切实避免矛盾和摩擦，是社工委面临的一个十分棘手的问题。民政部部长李立国曾告诫我，社工委应该"做虚不做实"。我的理解是，所谓做虚，就是要充分尊重各部门的职能作用，凡是各部门自己能够解决的问题，社工委都不能插手。但"虚功"必须实做，为此，广东省社工委主要发挥两个作用：一是统筹协调推进社会体制改革，相当于社会领域的"体改委"；二是成立了7个专项工作小组，整合和取代社会领域的相关领导小组，构建了跨部门的社会建设统筹协调机制。

广东省社工委主要从两个维度推进改革：一是目标导向，在顶层设计上坚持市场经济的改革方向，建立一个与市场经济体制相匹配的社会体制；二是问题导向，鼓励各地各部门摸着石头过河，切实破解影响社会发展的体制障碍，我们要在理想与现实之间选好平衡点和着力点，坚定不移地推进改革。

广东省社工委除了重点推进社会组织和基层社区体制改革之外，正在努力搭建一个改革的大平台：一是以社会创新项目推进改革。我们分别面向各市委市政府、省直各部门和各社会组织推出三批共100个社会创新项目，其中，由省委副书记兼省社工委主任与各市委市政府和省直各部门主要领导签署共建协议，由省社工委专职副主任与社会组织负责人签署共建协议。我们还特别邀请"中国地方政府创新奖"的评选团队对项目进行评议，由体制外的专家评选体制内的改革，增加了不确定性，各地各部门都特别紧张和认真，极大地增强了创建力度，收到了意想不到的效果。二是为改革提供"菜单"式指引。制定了《2013年广东深化社会体制改革工作要点》，提出38个项目，要求各地各部门引导社会组织，从中选择合适的项目推进改革，形成体制内外共同参与的改革热潮。

简单说来，我们搭建的这个改革大平台，既要千方百计把各级各部门和社会组织都请进来参与，又要想方设法让体制内外各参与主体都能全力以赴认真推进改革。我们认为，社会体制改革要有足够的多样性。因此，对于各领域的具体改革，我们没有设定统一的模式，这是鼓励各地各部门和体制内外，按照市场经济的改革方向，切实结合各自的实际情况，推进改革。

我们知道，北京、上海和各地的社会建设机构都很好地发挥了统筹协调作用，值得肯定和坚持。但是，我们的体制还没有成为全国的主流，尤其是在国家层面没有对应的部门，就像是没有爹娘的孩子。常言道，长兄为父。我倡议，借这次成立社会建设与社会治理研究中心的东风，全国各地的社会建设机构都凝聚在北京老大哥周围，在首都的旗帜下，大家多交流多合作，共同建设大社会好社会。

我们期待，在不久的将来，在国家层面成立社会建设统筹协调机制，带领我们，共同推进社会的文明进步。

谢谢大家！

构建与市场经济体制相适应的社会体制

【**主编后记**】作为一篇发言稿，此文提出的问题，表达的观点和思想，足令闻者击掌，读者叹息。今日中国社会建设的症结何在？体制不改，何来建设？要改体制，谈何容易？让旧体制自身改革旧体制，让旧社会自身建设旧社会，这并非奇闻，乃今日中国酱缸体制使然。广东的做法是：下决心打破体制酱缸，打开社会组织和基层社区两个突破口，让体制外的社会力量真正活起来，火起来，让改革冲出体制的牢笼，通过去体制化探索社会改革先行先试的广东经验。广东正在试验，我们呼吁更多学人能瞩目广东、声援广东、探索和思索广东，用更成熟的广东经验启迪中国。

（责任编辑：李勇）

"改善民生"和"创新管理"并重

——论十八大报告对于"社会建设"思想的新发展

张严冰

中共十八大报告提出了"五位一体"的新思想，也就是"全面落实经济建设、政治建设、文化建设、社会建设、生态文明建设五位一体总体布局，促进现代化建设各方面相协调"。① 这标志着中共对于如何建设有中国特色社会主义强国的指导思想更加全面、丰富、深入，必将在未来的伟大实践中产生深远影响。社会建设是"五位一体"宏大思想中的主要组成部分之一，十八大报告中出现了"在改善民生和创新管理中加强社会建设""加快推进社会体制改革""加快形成政社分开、权责明确、依法自治的现代社会组织体制"等一系列新提法，历史性地发展了中共关于如何进行"社会建设"的重要思想。② 本文的目的有二：一为从历史的视角梳理中共"社会建设"思想的提出和发展；二为讨论十八大报告所展现的中共社会建设思想的新意。文章分为三个主要部分：第一部分历史性地回顾社会建设思想的提出；第二部分讨论中共对于社会建设的提法如何从以强调改善民生为主发展为改善民生和创新管理并重；第三部分分析十八大报告中社会建设部分的新意，也就是对于推进社会体制改革和创新社会管理的新提法；最后进行小结。

---

① 《胡锦涛在中国共产党第十八次全国代表大会上的报告》，2012 年 11 月 17 日，存在于：http://news.xinhuanet.com/18cpcnc/2012-11/17/c_113711665.htm。

② 《胡锦涛在中国共产党第十八次全国代表大会上的报告》，2012 年 11 月 17 日，存在于：http://news.xinhuanet.com/18cpcnc/2012-11/17/c_113711665.htm。

一　中共"社会建设"思想的提出

　　1978 年改革开放以来，中国共产党总共召开了 7 次全国代表大会，产出了 7 份作为党的纲领性文件的政治报告。对于这 7 份政治报告进行历史性地研读，我们可以清晰地发现，中共对于如何建设中国特色社会主义的思想呈现出一种不断演进、不断深入、不断完善的趋势。具体而言，就是从主要强调以"经济建设"为中心，逐步发展为五位一体的总体布局。

　　1982 年召开的党的十二大充分肯定了党的十一届三中全会以来的路线、方针、政策，进一步明确了党的工作重心转移到"经济建设"上来，力图"全面开创社会主义现代化建设的新局面"。① 1987 年召开的党的十三大确定了社会主义初级阶段理论和党在初级阶段的基本路线，也就是"一个中心，两个基本点"，以经济建设为中心，坚持四项基本原则，坚持改革开放。十三大报告仍然围绕着"经济发展"和"经济改革"展开，但"政治体制改革"开始单列出章节进行论述。② 1992 年召开的党的十四大的核心思想是把经济体制改革的目标确定为建立"社会主义市场经济体制"。在十四大报告所规划的党在 20 世纪 90 年代的十大任务中，前五项都是围绕经济改革和经济发展展开，但同时，"政治体制改革""行政体制改革""精神文明建设""生态保护"等也开始被单独进行论述。③

　　1997 年召开的党的十五大的主题是确立邓小平理论，也就是中国特色社会主义理论作为党的指导思想，提出要建设有中国特色社会主义的经济、政治、文化。从十五大报告开始，经济建设、政治建设、文化建设"三位一体"的思想开始形成。④ 2002 年召开的党的十六大提出了"全面建设小康社会"的奋斗目标，中共对于社会进行整体建设的思想开

---

① 《胡耀邦在中国共产党第十二次全国代表大会上的报告》，1982 年 9 月 8 日，存在于：http://cpc. people. com. cn/GB/64162/64168/64565/65448/4526430. html。
② 《赵紫阳在中国共产党第十三次全国代表大会上的报告》，1987 年 10 月 25 日，存在于：http://cpc. people. com. cn/GB/64162/64168/64566/65447/4526368. html。
③ 《江泽民在中国共产党第十四次全国代表大会上的报告》，1992 年 10 月 12 日，存在于：http://cpc. people. com. cn/GB/64162/64168/64567/65446/4526308. html。
④ 《江泽民在中国共产党第十五次全国代表大会上的报告》，1997 年 9 月 12 日，存在于：http://cpc. people. com. cn/GB/64162/64168/64568/65445/4526285. html。

始萌芽。① 虽然十六大报告仍然沿用了十五大报告中的经济、政治、文化"三位一体"的思想，但在随后召开的十六届四中全会上，构建"社会主义和谐社会"的思想开始被提出。② 2006 年举行的十六届六中全会通过了《构建社会主义和谐社会若干重大问题的决定》（以下简称《决定》），这是中共首次对于社会建设进行系统性论述。③ 在随后 2007 年举行的十七大上，"社会建设"开始和经济建设、政治建设、文化建设并列进行论述，"三位一体"总体布局发展为"四位一体"。以六中全会的文件为基础，十七大政治报告中的社会建设部分又进行了简要的概括，其核心思想是"加快推进以改善民生为重点的社会建设"。④ 十七大以来，中共在社会建设领域最大的发展是"加强和创新社会管理"思想的提出。对于"社会管理"的系统论述出现在胡锦涛同志在 2011 年 2 月举行的省部级主要领导干部专题研讨班上的讲话中。⑤ 在 2012 年召开的十八大上，从十七大的重点强调"改善民生"发展为"在改善民生和创新管理中加强社会建设"。应该说，十八大报告中对于社会建设的论述是对于从十六届六中全会以来中央关于社会建设和社会管理思想的总结，针对社会管理又出现了新的提法。而且，十八大报告在"四位一体"之外又加上了"生态文明建设"，"五位一体"的布局开始形成。

　　从主要强调以"经济建设"为中心到"五位一体"思想的提出反映出中国社会主义现代化建设的不断深入，也反映出作为中国现代化事业的组织者和领导者的中共对于自身历史使命认识的不断深化，以及根据形势变化与时俱进地进行政策调整的执政能力。就"社会建设"和"社会管理"思想的提出和发展而言，是在近十年来被党中央

① 《江泽民在中国共产党第十六次全国代表大会上的报告》，2002 年 11 月 8 日，存在于：http://cpc.people.com.cn/GB/64162/64168/64569/65444/4429125.html。

② 《中共中央关于加强党的执政能力建设的决定》，2004 年 9 月 19 日，存在于：http://cpc.people.com.cn/GB/64162/64168/64569/65412/6348330.html。

③ 《中共中央关于构建社会主义和谐社会若干重大问题的决定》，2006 年 10 月 11 日，存在于：http://cpc.people.com.cn/GB/64162/64168/64569/72347/6347991.html。

④ 《胡锦涛在中国共产党第十七次全国代表大会上的报告》，2007 年 11 月 15 日，存在于：http://cpc.people.com.cn/GB/64162/64168/106155/106156/6430009.html。

⑤ 胡锦涛：《扎扎实实提高社会管理科学化水平》，2011 年 2 月 19 日，存在于：http://cpc.people.com.cn/GB/64093/64094/13958405.html。

放在了越来越突出的位置上，反映了我国社会领域出现的新形势和新问题。

二 社会建设的针对性

应该说，中央提出的社会建设有两个层次的含义：一个是宏观层面上的社会建设，也就是构建社会主义和谐社会；一个是微观层面上的社会建设，也就是五位一体中的社会建设。在这两个层次上，社会管理都是作为社会建设的一个重要的组成部分而存在。

从构建社会主义和谐社会的角度来看，社会建设要解决的是中国社会在相当长的一段时间内面对的一些涉及全局性的、主要的矛盾。十六届六中全会的《决定》是这样表述的：

"目前，我国社会总体上是和谐的。但是，也存在不少影响社会和谐的矛盾和问题，主要是：城乡、区域、经济社会发展很不平衡，人口资源环境压力加大；就业、社会保障、收入分配、教育、医疗、住房、安全生产、社会治安等方面关系群众切身利益的问题比较突出；体制机制尚不完善，民主法制还不健全；一些社会成员诚信缺失、道德失范，一些领导干部的素质、能力和作风与新形势新任务的要求还不适应；一些领域的腐败现象仍然比较严重；敌对势力的渗透破坏活动危及国家安全和社会稳定。"①

而六年后的十八大报告的表述则是："发展中不平衡、不协调、不可持续问题依然突出……资源环境约束加剧……城乡区域发展差距和居民收入分配差距依然较大；社会矛盾明显增多，教育、就业、社会保障、医疗、住房、生态环境、食品药品安全、安全生产、社会治安、执法司法等关系群众切身利益的问题较多，部分群众生活比较困难；一些领域存在道德失范、诚信缺失现象……奢侈浪费现象严重；一些领域消极腐败现象易发多发，反腐败斗争形势依然严峻。"②

---

① 《中共中央关于构建社会主义和谐社会若干重大问题的决定》，2006 年 10 月 11 日，存在于：http://cpc. people. com. cn/GB/64162/64168/64569/72347/6347991. html。

② 《胡锦涛在中国共产党第十八次全国代表大会上的报告》，2012 年 11 月 17 日，存在于：http://news. xinhuanet. com/18cpcnc/2012 - 11/17/c_ 113711665. htm。

对比 2012 年的十八大报告和 2006 年的《决定》，非常清晰，对中国而言许多大的问题是长期存在的，必须"五位一体"同时进行才能逐步解决。而从《决定》对于"我国社会总体上是和谐的"论述到十八大报告"社会矛盾明显增多"的表述的变化可以看出中央更加突出地强调创新社会管理的原因。十八大报告关于社会建设的部分首先强调的是通过加强社会建设来维护社会稳定的重大意义，这与十七大报告主要强调通过社会建设来促进社会和谐和人民幸福有明显区别，可见近年来我国社会矛盾增多的趋势和"维稳"压力的加大。众所周知，改革、发展、稳定是中国现代化建设中需要处理的三大主要议题，三者环环相扣，而这三者中，社会稳定是前提，社会矛盾增多就会影响到社会稳定，而没有了社会稳定，改革和发展无从谈起。如此一来，社会建设就从宏观层面落实到微观层面，从十七大着重强调改善民生演化为十八大的改善民生和创新社会管理并重。改善民生是立足长远，创新管理重在解决当下的社会矛盾，两者相辅相成，改善民生是根本，创新社会管理是当前维稳问题的主要手段，两者同时推进才能在社会建设方面做出成绩。

关于如何"保障和改善民生"，十七大和十八大报告都谈到了五个大的方面，主要是解决"学有所教、劳有所得、病有所医、老有所养、住有所居"的问题。这五个方面有着内在的联系，是围绕着每个人的一生的全面发展和保障展开，深刻地体现了"以人为本"的精神。应该说，经过新中国成立六十多年和改革开放三十多年的努力，虽然中国现在还有一部分贫困人口，但是广大人民群众的温饱问题还是从根本上得到解决了，在温饱这样人类生存最基本的问题解决后，人的发展面临的首要问题就是教育，教育的功能不但在于增长人的知识，还在于从小就开始培养人的社会规范，也就是使得社会中的人可以"行同伦"。如果社会中的绝大多数人都可以遵守一定的道德行为规范，社会的和谐稳定问题也就水到渠成了。当一个人从幼儿成长为青年，完成了国家规定的和自己可能完成的教育后，他/她也就成长为一个劳动力，必须进入劳动力市场，进入择业和就业的过程。而就业的核心目的就是要获得经济收入，而增加收入无疑是每个劳动者所渴望的。这就是第一点和第二点所关注的主要问题，所谓"仓廪实则知礼节，衣食足则知荣辱"，如果可以实现最广泛的就业，而且就业人群可以对于自己收入的增加有稳定的预期的话，社会的和谐稳定就有了最基本的保障。但是必须认识到，在市场经济条件下，出现失业的情况是常态，而且社会中的"鳏寡孤独"必须有所养。因此，第四点和第五点关注的是"社会保障体系"建设，也就是让社会中的每个人都有最基本的生活保障。第三点关注的是人民的健康问题，健康无疑是人的发展的保障，上学、就业、幸福的生活都离不开健康的身体，同时，建设全面的公共卫生和基本医疗体系也是缓解医患矛盾作为当前社会突出矛盾之一的主要手段。这五个方面合在一起，基本上覆盖了每个社会人在民生方面的所有需求，如果都可以得到最基本的保障并不断改善，无疑将是社会建设领域的巨大成就。

应该说关于改善民生方面的社会建设的思想在十七大报告中就有了系统的阐释，十八大报告基本上延续了十七大报告的提法。十八大报告的新意在于，它强调在保障和改善民生的基础上，创新社会管理是加强社会建设的另外一个主要方面。

三　十八大报告中创新社会管理的新意

对于创新社会管理的提法，十八大报告相对于胡锦涛同志一年前关于加强和创新社会管理的讲话又有了新的发展。其核心思想是对于社会体制进行改革，改革的目标是构建中国特色社会主义社会管理体系。这是一个相当宏大的规划。正如 1992 年中共十四大提出建设有中国特色社会主义市场经济体制一样，中国特色社会主义社会管理体系的建设必然是一个长期的历史过程，但是由于当前"维稳"的压力非常重，十八大报告用了四个"加快"来描述任务的迫切性。按照十八大报告的构想，社会管理体系的构建包括四个主要方面的内容，即社会管理体制、基本公共服务体系、现代社会组织体制和社会管理机制。必须强调的是，这种整体的思路和其中的一些核心概念都是首次出现在中央的文件中。下面分别对这四个方面的内容进行具体解读。

社会管理体制的构思是中国社会的主要组成部分如何共同管理好社会，它们的具体权责分别是什么，也就是报告中所讲的"党委领导、政府负责、社会协同、公众参与、法治保障"。社会管理体制的提法替代了以往文件中"社会管理格局"的表述,这说明,中央力图突破原有的体制,在制度变革上下工夫,从而形成新的体制。"法治保障"也是首次和前面的四个提法并列出现,昭示着中央的思路是在法律的框架下,社会各行为主体共同管理社会。这里的"社会协同"指的是社会组织如何和党和政府协同进行社会管理,因此社会管理体制的建设和现代社会组织体制的建设密不可分。"党委领导、政府负责、公众参与"是长期以来的传统,没有什么创新可言。因此,在加快形成的新的社会管理体制中,真正的创新之处是"法治保障"和现代社会组织体制的建立。

"基本公共服务体系建设"的概念首次出现在十六届六中全会的《决定》中,十七大报告的表述是"健全政府职责体系,完善公共服务体系",出现在政治建设部分的"加快行政管理体制改革,建设服务型政府"章节中。十八大报告的表述又回到了《决定》的提法,提出"加快形成政府主导、覆盖城乡、可持续的基本公共服务体系"。和十七大的表述相比,十八大报告增加了"基本"二字,这说明公共服务体系的建设是长期和艰巨的任务,目前只能是先把最基本的做好,体现了中央的务实精神。同时,十八报告清晰地把"基本公共服务体系建设"列为政府的社会管理职能之一,突出了胡锦涛同志关于"社会管理,说到底是对人的管理和服务"的思想。[①] 为了搞好管理,首先要把服务做好。根据十八大的构想,基本公共服务体系建设的主要责任方是政府,关键问题在于这个体系必须做到覆盖城乡而且可以持续,也就是解决公共服务均等化的问题以及在财政支出方面保障公共服务体系的长期正常运转。对于基本公共服务体系建设的强调无疑是对于"改善民生"方面社会建设的重申,这意味着社会管理的创新必须以"解决好人民最关心最直接最现实的利益问题"为基础。

对于现代社会组织体制建设的描述无疑是十八大报告中社会建设章节最大的亮点和最大的突破,报告的表述为"加快形成政社分开、权责明确、依法自治的现代社会组织体制"。"现代社会组织体制"是过去没

① 胡锦涛:《扎扎实实提高社会管理科学化水平》,2011 年 2 月 19 日,存在于:http://cpc.people.com.cn/GB/64093/64094/13958405.html。

有出现过的表述。十六届六中全会对于社会组织的定位是"健全社会组织，增强服务社会功能。坚持培育发展和管理监督并重，完善培育扶持和依法管理社会组织的政策"。十七大对于社会组织的定位是"重视社会组织建设和管理"，"发挥社会组织在扩大群众参与、反映群众诉求方面的积极作用，增强社会自治功能"。而十八大报告直接将现代社会组织体制和社会管理体制、基本公共服务体系、社会管理机制并列提出，作为社会管理体系四个重要组成部分之一，可见中央对于社会组织在社会建设和社会管理中的重要作用有了更加积极的认识。根据目前中央的构想，中国现代社会组织体制的根本特征在于理清政府和社会组织的关系，双方的权责更加明确，社会组织依法自我管理并参与社会建设和管理。

"现代社会组织体制"提法的出现无疑为我们研究中国的社会组织下一步如何发展打开了一扇大门。虽然目前中央对于"现代社会组织体制"的描述是简略的，但是学界已经开始探讨"现代社会组织体制"的具体构成。根据我们的研究，中国的现代社会组织体制首先要吸收世界各国在实践中不断积累、不断总结、不断完善所形成的社会组织体制经验；其次要吸收改革开放30多年来总结的正反两个方面的经验教训，努力适应社会主义市场经济发展，不断探索改革创新。从上述两个方面来看，大体说来，现代社会组织体制至少包括如下五个大的方面：现代社会组织的监管体制；现代社会组织的支持体制；现代国家与社会组织的合作体制；现代社会组织的治理体制；现代社会组织的运行体制。[1]

"社会管理机制"是社会管理体系的最后一个组成部分，也是一种新的提法。十六届六中全会《决定》的表述是"统筹协调各方面利益关系，妥善处理社会矛盾"。十七大报告的表述是"妥善处理人民内部矛盾，完善信访制度，健全党和政府主导的维护群众权益机制"。十八大报告的表述则是"加快形成源头治理、动态管理、应急处置相结合的社会管理机制"。"社会管理机制"主要讲的是应对当前社会矛盾和社会冲突的机制，也就是维稳的问题。所谓"源头治理"其实又回到了"维护最广大人民根本利益"和"保障和改善民生"上来了，这两条就是源头，做得好社

---

① 王名、张严冰、马剑银：《谈谈加快形成现代社会组织体制问题》，讨论稿。

会矛盾就会减少，做不好就会引发社会矛盾和冲突。"动态管理、应急处置"指的是社会矛盾、冲突发生后的处理方式，要点在于把矛盾管控在一定的范围内。必须意识到，中国现在正在经历工业化、城镇化、市场化的过程。工业化必然引发环境问题，城镇化必然引发征地拆迁问题，市场化必然引发劳资纠纷。中国要想发展，要想实现现代化就必然经历这样的过程，我们不可能因噎废食，因此社会管理机制的要点在于把必然出现的矛盾控制在一定的范围内。

十八大报告对于"创新社会管理"的论述主要是对于如何"推进社会体制改革"的一些迫切问题的具体解释和补充，特别是党和政府应该发挥的作用，主要也是围绕着"提供公共服务"和"化解社会矛盾"展开。公共服务提供的重点在基层、在社区，而从提供方来看，政府要改变原有的方式，企事业单位、人民团体、社会组织和公众应该发挥各自的作用。化解社会矛盾涵盖的面更加宽阔，包括对于流动人口和特殊人群管理服务、建立维护群众权益机制、建立健全重大决策社会稳定风险评估机制、强化公共安全体系和企业安全生产基础建设、加强和改进党对政法工作的领导、完善立体化社会治安防控体系、完善国家安全战略和工作机制等诸多急需解决的问题。

总而言之，十八大报告中"在改善民生和创新管理中加强社会建设"部分的内容是非常丰富和全面的，而其中最大的亮点，如上所述，是推进社会体制改革和创新社会管理，对于建设"现代社会组织体制"的论述尤为突出。这些论述深刻地反映了近年来我国社会领域中的重大变化，也预示着未来建设有中国特色社会主义社会管理体系的基本方向。

四 小结

通过对于中共一些重要文件，特别是十八大报告的文本分析，本文简要回顾了中共社会建设思想的提出和演化，讨论了十八大报告中社会建设思想的新发展。文章认为，十八大报告中社会建设部分最大的新意在于提出加快推进社会体制改革和创新社会管理，中共对于社会建设的指导思想从着重强调"改善民生"发展为"改善民生"和"创新管理"

并重。而创新管理的本质就是推动改革的另外一个提法。

中央社会建设思想的新发展无疑是有清晰的指向的，那就是近年来社会矛盾的增多和"维稳"压力的增大。但必须清楚地意识到，"改善民生"仍然是基础，民生工作做得好，老百姓的利益保护得好，社会矛盾自然而然就会减少，维稳的压力也自然会减轻。当然，随着市场化、工业化、信息化、城镇化的推进，旧有的社会体制已经不适应新的形势，加快推进改革是必然的选择。只有"改善民生"和"创新管理"同时推进，我们距离构建社会主义和谐社会的目标才会越来越近。

（责任编辑：何建宇）

建构民主唤回内生民主的实验：
以肃宁"四个覆盖"为例

郑杰榆[*]

【摘要】19 世纪初，法国人托克维尔在《论美国的民主》中提出："结社"能够让人学习民主的技巧，通过结社使得人与人之间更能互相关怀，锻炼出议事与争取利益的功能。肃宁县"四个覆盖"政策将农民因不同职能组织起来，体现了结社的特征。基层党组织、基层民主组织、综治维稳组织与经济合作组织是通过基层政府的部分职能转移，建置与培育社会使其踏上能够自我组织、自我规范并自主运作的轨道。然而，随着农村对自治事务经验的累积，是否能够进一步形成托克维尔所说的民主技巧，进而带来所谓结社创造的种种效益？农村地区早期丰厚、后来隐匿的公共领域（例如榕树下、庙口前），以及当中积累的社会资本，是否藉由政府主导建置组织化的形式，再创基层内生民主活力？本文尝试探讨肃宁"四个覆盖"机制中，政府主导的结社运作对基层民主自治实践的影响；同时分析由于提升民主议事技能以发育多元社会组织，从而推动政社分离的可能性。

【关键词】国家主义　法团主义　政社分离　社会资本　公民社会

---

* 郑杰榆，清华大学公共管理博士候选人。台湾非营利组织（NPO）顾问、县市政府购买社会服务审查委员、资深社会工作督导。

一 政社分离与国家主义的动态发展

（一）历史的轨迹："四个覆盖"的必然性

"四个覆盖"的作为，是肃宁县委在社会管理创新上的一种偶然性尝试，或是随着改革开放后，农村社会变迁发展趋势的必然道路，从历史的痕迹或可窥见一二。大陆农村自改革开放在经济上采行家庭联产承包责任制之后，积极推动村民自治确保农村的稳定，同时，村委会是村民自我管理、自我教育、自我监督的基层群众性自治组织，村治民主的采行，使得中国农村政经生态发生巨大的改变，即由"政社合一"的人民公社体制转变为"政经分离"的"乡政村治"形态（曾腾贯，2005）。

然而，在经济上国家长期实行工业优先和城市优先的发展战略，农业和农村经济的发展严重滞后，不仅面临着发展资金的大量外流，也面临着大量优质劳动力外流和土地流失等问题。据国家统计局数据表明，2011 年全国农民工已达 2.5 亿人，不少地方出现了"精兵强将去创业，年轻力壮去打工，老弱病残搞农业"的格局（吕炜、郑若婷，2012）。收入差距明显、公共建设落后是经济发展造成的后果，也制约了经济的发展，面对城市与农村各式多元的社会需求，中国的行政体制也逐步从"大而全"的政府转向政社分离。然而对社会管理职能的关注度远远不及与税收增加相关的经济职能，导致在资源分配上总是排后，也顺理成章地不断被转移至最基层政府（朱健刚，2010），但是因为经济预算的权力（财权）与事权的不对称，使得乡镇政府、村支两委成了最接近民生、最了解民意，但回应难度却也最大的行政组织。

回顾上述历程可以发现，对基层政府来说，过去以基层权力渗透、通过行政权威来动员群众，是推动工作的重要依据。随着单位制的解体以及经济发展后的社会分化，当社会成员通过依靠市场谋生比例日增，不再只是依赖政府时，基层政权的权威开始下降，群众动员能力变弱，这些都削弱了基层政府行使社会职能的能力，然而农村社会的问题层出不穷，这使得农村有着最迫切的"政社分离需求"以回应现实，恐怕这也是能够将政社分离落到实处的重要推力。在农村地区由于参与市场的力度不同，基层政府可能有着不同的掌控程度，然而据安徽省社科院研究员吴理财估计，自1980年大陆实行村民自治制度以来，实际上村支两委行政瘫痪的现象十分普遍："大致上只有10%的农村建立了新型的民主合作关系，约20%的农村仍然维持着传统的支配型关系，近70%的农村处在由传统的行政支配关系向民主合作关系的转变之中"。另根据香港浸会大学李连江对1259名中国百姓的调查显示，仅有16.1%和12.7%的人表示非常信任乡镇政府和村两委，干群关系恶化确实成为农村社会治理新问题（李咏，2009）。

在四个覆盖推开之前的肃宁县，农村人口29万，占了全县总人口的82%以上，上述典型农业县常见的问题一个也没少，例如村支两委的不健全与村民长期依赖政府的意识，形成一种恶性循环。村民认定政府负担治理，大小事情都以直接与村干部沟通的方式处理，没有群体与自治观念，也没有组织作为协商载体，而村支两委有名无实，导致无法满足村民的期待，农村中连基础公共建设如道路、饮水都无法保障（吕炜、郑若婷，2012）。事实上，早期农村有着由家庭、宗族代代相传的规则与运作机制，具备能够自我组织、自我规范并不断产生社会运作的活力基础，因此运用政社分离的力量正是农村治理的重要尝试。若能够善用历史积累的社会资本，并重新融入国家与社会合作的架构，通过政社分离、发育社会的过程，正是对于"改善民生、创新管理，以加强社会建设"的十八大精神的积极回应。

（二）国家与社会的关系变迁

对于中国的国家与社会关系的研究，目前受到广泛认同的是将当代此类关系的研究划分为前后相继的五代。在这五代研究成果中，显示了国家与社会之间从"一厢情愿"认为新的国家和政党征服和改造了社会，到中国共产党体制下的国家是一个现代组织形式，但它所驾驭的仍然是一个顽固的前现代社会。其中，传统文化不可忽视地彰显在现代国家结构中并自我再生，例如"关系政治"与"相濡以沫"，在此当中社会亦被国家所改造，国家与社会相互渗透，非现代政治组织与非传统农村社区的混合体，正是中国独特的、不断变化的文化产物（赵文词，1999：35~55，摘自余冰，2012）。

国内学者对于国家—社会关系的研究，根据燕继荣（2012）的梳理，从 90 年代开始即围绕着公民社会理论的引入，历经了国家与市民社会关系的讨论，最终转入社会建设与社会治理的实践经验至今，基本上也发现了如同国际研究各阶段的观察，亦即"对立的零和模式"将无助于任何一方的进步，比较理想的关系是互助合作的模式。国家与社会互相需要、互相约束、互相形塑，缺一不可。而有鉴于中国的政治体制与发展经验，现实中公民社会的发育和发展必须依赖外部动力，政府推动成为公民社会建设和社会自治发展必须凭借的力量。

肃宁的四个覆盖符合了上述中国政治现实的需求，也显示了长期导致政社分离滞后发展的基层政府的一种新的思维与行动。过去基层政府长期将社会职能推给社区居委会、村委会这样的群众自治组织或者社区内的 NGO（如果有的话），但事实上因为没有明确的法律规范，使得这些组织在行使社会职能时容易陷入有心无力，而农村中家庭与宗族有时候较西方语意上的社区 NGO，在排忧解难、协调整合社区事务上更有力量。①

（三）法团主义或国家主义中的农村结社

20 世纪 80 年代以来国内外大多数的农村社会研究围绕着"中国政权对农村社会结构的改造是失败的"进行反复论证。中国农村的权力结构复杂又多元，改革开放后随着经济复苏与之相伴而生的则是家族和宗族传统的复兴，以及 20 世纪 90 年代以来农村非正式权威（传统精英）的重现、村委会与村民自治制度的乏力甚至倒退现象等（余冰，2012）。因此通过赋予村委会政治职能，从而显著区别于传统的乡约制度，这样的设计让村民生活与政治运动完全地整合在一起，成为一种合理的安排。村委会因经费和人员的"国家化"与"群众自治性组织"身份，成为矛

---

① 如肃宁县委 2012 年以真人真事改编拍摄的电影《梨花村的笑声》，有许多改编自事实的案例。

盾的"双重代理人",然而事实上农村地区村委会又不足以取代家族或宗族的影响力（郭圣莉，2005）。

肃宁政府就曾经亲历基层行政组织的无力感。2008年奥运年维稳工作迫使政府各级干部"包乡、包村、包户、包人"，甚至形成需要人盯人、24小时住百姓家中的扭曲局面，可以想象若长此以往，国家与社会的关系激化将对于社会管理工作形成巨大挑战（吕炜、郑若婷，2012）。而基层政府或许可以抑制崛起的草根NGO，却无法回避与取代农村社区中紧密的血缘关系与邻里情谊。同时，随着经济改革后自身的财产权益的不断增加，人们的公民权利意识有了很大的提升；媒体的相对开放、信息的流通更进一步推动了关于公共议题的对话和讨论。这些变化都使得农村中的公共领域成形，其功能像是一个阀门，在自治组织与政府、自治组织与农民之间有了基本互相对话的空间。当政府愿意转换看待群众的角度，集体共识与行动不再被看作是会带来政治风险的群体事件，反而可以被基层政府接受和吸纳，参与到政府决策过程，政府在社会事务管理上的权威反而可以得到公民的认可（朱健刚，2010）。

那么肃宁推展的四类组织从国家—社会关系的视角来看，是国家法团主义又或是国家主义的一种形式？国家法团主义强调国家在当中由上而下主导、诱使、强制与促成的角色，使得这些社团存在虽已有相当的时间，但由于系官方的认可，使得这些团体组合看来就如同国家之一部分。反思肃宁的四类组织由政府一手主导创建，当中虽强调村民的自主参与与民主，但仍为从政府职能延伸之组织，甚至不需要获得政府认可，因为本来就是国家内生的组织。但是在操作过程中又改良了些许原有架构：例如增加了村监会，实行村党支部提议、村两委商议、村代会决议、村委会执行和村监会监督的"三议一行一监督"机制；又如"3 + 1"的综治维稳组织，让村里过去的家族长，有威望、群众相信的能耐人当小区长、小组长，确立"十户一保、十户一调"的组织形式，则像是改良后的保甲制。① 这些线索都让研究者反思，肃宁的四个覆盖与法团主义并

---

① 早期著名中国人类学家林耀华先生指出，保甲制度作为农村自卫特有制度源自宋代，明清时期的保正乡约亦源自于保甲，20世纪30年代国民政府亦在全国范围内推行保甲制。

不相符，反而更像是国家主义（Statism）或是一元主义（Monism）的一种修正。

国家主义模式中，社会团体是国家行政机构的延伸，社会利益主要通过国家行政方式进行配置（吴建平，2012）。而一元主义根据司密特（1974）所定义，其特征为："一种利益代表系统，在此系统中，各组成分子被策组在单一性、以意识型态为简择标准、非竞争性、功能分化及层级性的固定部门中。这样的组成率由一个党所创造、资助和特准，并认可其于党中或是相对应的国家中给予一个代表性角色，以换取这些部门在领导人的甄拔、需求与动员支持的汇集上给予相当的控制。"此定义与前所提及的法团主义有些类似，但仍有所差异。根据上述所引的两个主义定义之比对，计有下列数种差异，如表1所示：

表1 国家主义与法团主义特征差异对照表

维度	国家主义特征	法团主义特征
意识型态特性	重视意识型态，并据以为民间团体核准之依据	对意识型态采宽松态度
同类组织重复性	同性质的组织系统仅可成立一个（fixed number）	同一职业之组织系统可能有数个（limited number）
掌控主体	掌控主体为一党制国家中的党	掌控主体为国家
自主程度	利益团体在党或政府中仅是一个代表性角色	利益团体有某种程度自主性，或有些政经利益的独占权
国家与社会的资助关系	利益团体由国家或党资助而存续	不提国家资助利益团体之问题

根据吕炜、郑若婷（2012）实地调研指出，肃宁县委政府在基层民主组织、经济合作组织与综治维稳组织建设初衷，是落实村民们的自治权利，解决农民的致富问题。但是如何更好地实现党的领导，让党组织的设置形式、工作方式能跟上经济社会的发展；如何强化党组织的地位和职能，树立党的威信，仍是政府念兹在兹的核心。从上述思维当中可见，政党的合法性与有效性维护是四个覆盖中不可忽视的一部分，再加上每一个农村四类组织并未有同类重复。其整体思路与改革开放以来，国家对于社会团体的建置路线是高度吻合的，亦即社会团体的创建主要是由国家自上而下推动，源于对改革后新出现的社会空间进行管理和控

制，因此积极鼓励和支持各种社会团体的创建和发展，并赋予它们一些参与管理的权力，但这并不意味着"出现了一个与国家保持权利分立和权力对张的市民社会"（魏斐德，2008：719、742）。

换言之，肃宁的四种组织旨在培育一种非批判性的领域，来辅助过往县委政府对农村社会管理的困难，较倾向于表1中的一元主义。至于这些组织能否通过实际的运作之后，逐渐演化为具备法团主义组织所具有的独立性及政治活跃性，目前尚无法得知。毕竟演化方向受到多种因素的影响，这些影响因素包括：国家制度变革、政府职能转变、社会多元性的程度以及社团组织多样性的发展等。NGO与政府的互动关系并非静止和固定不变，而是一个始终处于演变和发展之中的动态过程。因此，研究者根据国家与社会关系的分类，初步认定肃宁四个覆盖特征，介于一元主义与国家法团主义之间。

二　肃宁的建构民主试验

四个覆盖由政府催生，由原村民自治体制基础上承接、改良，加入了维稳、经济、民情与民主分工明确的运作主旨，对于超脱一元主义的党国掌控、迈向建置国家法团主义的自治社会，是否具有正向促进的效益？对于80年代以来的基层民主实践僵局，是不是一种具有创新性的试验？研究者认为有必要梳理中国农村自治组织发展的历史脉络，以及四个覆盖的实践细节以作为分析依据。

（一）农村内生民主历史的社会资本

中国社会自治最早发源地即为农村。前文提及随着20世纪80年代初期人民公社制度的解体，最初是地区生产队的机构和领导班子陷于瘫痪、半瘫痪状态，农村中的公共事务陷入真空状态，农民自己想出了解决问题的办法，以民主推举找出适合的人选。一向以地方试点、中央调研、全面铺开的公共政策决策过程，自1983年10月中共中央、国务院发出了《关于实行政社分开建立乡政府的通知》开始，历经法制试行阶段乃至1998年全国人大通过了《中华人民共和国村民委员会组织法》。历经试行十年终于得到了法律的确认、制度的保障，基层直选的普遍推广，显示了基层民主探索性实践得到了权力核心的认可，并通过国家法律和政府政策在全国推广开来（燕继荣，2012）。

十年的试行积累了哪些成果？或许可以从《中华人民共和国村民委员会组织法》的内涵窥得一二。村民自治的标准涵盖以下六点：（1）村委会干部由村民民主选举产生，村委会领导班子坚强有力；（2）村委各工作委员会和村民小组健全，工作职责和规章制度明确，切实发挥作用；（3）定期召开村民会议或村民代表会议，实行村民民主参与制度，坚持村务公开、群众监督原则；（4）经济发展、安定团结，公益事业办得好，村容村貌整洁；（5）村民依法履行公民义务，全面完成国家交办的各项任务；（6）治安防范措施完备，社会秩序稳定，民间纠纷调处及时，村风民风好（燕继荣，2012）。上述六点显示出村委的"领导能力"占有关键性的地位，其不但规定了村民参与公共事务的范畴，也要确保村民在日常生活获得福利之外，完成"国家交办的各项任务"。国家与社会镶嵌的关系深入到了最基层的村庄，那么究竟农村社会自治起到了哪些作用？历来学术界与官方研究都有不同的评价。

主流的看法赋予村民自治重大的积极意义，它被认为是中国民主政治在基层社会的试验，但是现实的观察也经常看到实施过程中暴露如家族势力、贿选、村民与基层党政机关之间的矛盾等问题。例如，外部制度和政策因素成为制约中国农村发展的关键，导致村民自治实际作用有限；又或是村民自治中政府主导，受基层党政干预和介入，村民是否真能依民意作为等种种疑问。在这些研究成果之上可以发现，政与社的关系不顺、互相钳制，导致"一放就乱、一收就死"的政社纠结。这个反复的过程，使得原本应在数十年来社会自治试行能够全面发芽的"公民性"受到了压抑。帕特南（2001）根据意大利的公民社会发展发现，公民态度的萌芽，取决于公共事务决策是否纳入了等级化的组织，并导致公民对该组织的依附。公民性弱的地区弥漫着犬儒主义和疏离情绪，在居民的眼里，公共事务是别人的事情——当官的、老板的、政治家的——总之不是自己的事情。而公民性强的地区则因为较为多元的社会、文化团体提供了人们真实对话的平台与机会。回顾中国近 30 年来的农村改革发展历程，最初是以社会治安为出发点，为了解决农村中因包产到户产生的偷盗、乱占耕地、打架斗殴、水利失修、乱砍滥伐等问题，再越来越向经济、政治、文化等村庄公共事务管理的方向扩展。从源头来看，农民的创造性和民主需求、民主意识及民主参与能力其实都展现着巨大的动能，在各种村民自治的案例调研中，各种创新（例如财务管理的五牙子章）也不断涌现（张新光，2007）。然而农村中能够对话的平台经常不是西方语境下的社会组织，更有可能是宗族与家庭联系纽带的祠堂、庙宇、广场、大树下等储存自然社会资本的公共空间。

（二）四个覆盖：建构民主试验的创新点

如果多年来农村的社会自治是农民展现大量创新、解决公共事务的实验场，自治过程产生这样那样的问题并不能推出自治是失败的这一结论。农民在自治过程中可能学到了贿选、抗议或消极不配合等姿态，但是也有可能通过规范的指导，学会了议事、投票、达成共识等民主技巧。那么肃宁的四个覆盖是否有别于过往的农村自治制度，能够使基层民主运转起来？通过吕炜、郑若婷（2012）的实地调研，改革开放过程稀释了传统的鸡犬相邻、敦亲睦邻的相互闻问，长期以来因为村支两委行政体系的弱化，农民被剥削、依附、挫折感、无力感普遍，公民性弱发育的结果是各种矛盾、利益诉求没人管，农村道德问题、社会治安问题频生。

回归农村集体意志的根本，若要激发农民群众的内生动力，建立群众自己解决自己问题的机制，还是要从家族亲属关系着手，也就是社区中的耆老或族长，现代社会话语就是社区领袖。综观综治站长、小区长、小组长三级和治安巡防队的"3＋1"维稳体系，就是结合了保甲制与社区领袖的双重要素，使责任感落实到邻里家户之间。另外为打破长期的村委会功能不彰，则是重新为村委会定调"划船而不是掌舵"，把掌舵权与监督权都实施代议制，以"三议一行一监督"的方式（村党组织提议、村两委商议、村代会决议，村委会执行和村民监督委员会监督），建构起基层民主组织的架构。在农村经济发展上，四个覆盖同样借鉴了历史经验，从包产（干）到户再度转换为生产大队思维，差别在于让农民自行承担过去生产大队的责任，也就是农户之间合作自我管理，以自愿组织合作社的性质，建构从生产到销售的农村产业链，按照市场经济的规律，共同抵御市场风险，确保农民能够因为集结的规模效应而不再成为被市场经济剥削的最底层。

按托克维尔（2005）对民主的解释，肃宁若是能够做到落实由村民提名（而非基层政府提名）、不记名全员选举、村监会与村委会不重复成员的机制，并将村委会的职能转化，随着基层普选权落实，可预见将会发生这样的变化：当选者必须与村民站在一起以维持连任的效果，于是"傲慢必须掩饰，轻蔑不敢露之于形，自私须予抑制"。另外因为普选代表着政治生活与每个人都息息相关，藉此无限增加社会大众的合作机会，使大众时时体会到互助互赖的必要，彼此自我克制并顾虑他人。原本感受不到公共事务与自身的关联，现在假若有人主张造一条公路经过他的田园，他马上就体会到这件小公务跟他本人的大私事有连带关系。如果能使他们关心公众福利并使他们相信众人互利共生，则社会自治与民主效果必然不同。

延续上述托克维尔对于落实公民权利的看重，研究者反思：四个覆盖中除了基层民主组织、经济合作组织、综治维稳组织之外，或许来自于对于大陆的党组织性质仍理解不足的前提，导致研究者认为最能代表"政社未能分离完全"的特色现象，就是第四种"基层党组织"了。根据肃宁提出党组织的设置方式，是打破以行政村为单位的传统模式，创新党组织设置方式，按照"群众走到哪里，党的组织就要跟到哪里；党员走到哪里，党的组织就建到哪里"的原则，把党支部和党小组建到各种经济组织、产业链条当中去，建到综治维稳组织和基层民主组织当中去，把所有党员都纳入组织体系中去，让其带领群众一起抓稳定、闯市场、搞生产，努力实现党建工作与具体工作的有机结合、同步推进。也就是仍然让政党意志渗透到所有组织当中，尤其是村支部书记和村代会主席"一肩挑"的做法，由村党支部书记兼任村代会主席，不禁使人怀疑会不会造成提议与决议一言堂的弊端，进而成为四个覆盖中压倒农村自治活力重生的最后一根稻草。

研究者质疑，党组织需要如此渗透到各处，究竟是来自于对基层社会自治的不信任还是长期以来的地方治理惯性作为，如果通过村党支部书记也成为村民代表的方式，对发育公民性的强弱会有哪些影响呢？帕特南（2011）即指出："公民性强弱与政府管理密切相关"，同时也反映了公民之间的信任感。通常公民性强地区相对具有更大的社会信任感，对他们的同胞能够守法更有信心。反之在公民性弱的地区，更多的人坚持认为，当局应该更严厉地在他们的社区实施法律和秩序。于是"强者愈强、弱者愈弱"，例如过去半个世纪里，意大利国家机器无力解决西西里的黑手党问题。相反，在公民性强的地区，权力不大的政府却非常有力，因为它可以依靠国民更加主动的合作促进法律、契约的自我实施。有鉴于此，四个覆盖对肃宁的基层民主与社会活力究竟会产生什么样的影响？党组织会是助力或是阻力？这并非单纯一刀切的问题，还必须考察肃宁的民情与结社运作能力，作进一步地分析。

三　四个覆盖的结社意义

（一）民主与结社的有机结合

托克维尔曾说："民主体制使得人民必须结社。"然而从肃宁的四类组织与政府的关系，研究者却看到基层民主的落实与结社互相刺激增长与调和。四个覆盖是四种组织，并且把每一个人都分门别类又重叠在不同的组织当中发挥功能。结社的力量来自于个体行为自主薄弱，人们发现如果不结社就无法作为，无论是表达意见还是争取利益，结社让社会有了集结意见的平台，也有了与国家对话的平台。托克维尔发现结社具有重要的六种科学功能，像是少数人也有机会站出来表达他们的看法、让人们必须要习惯于和不同背景的人共事，进而比较能接受别人的看法、结社过程人们会参与执行各种组织工作，进而学习分析各种方案的利弊和得失，学习到评估与运营的能力、有兴趣有能力的人经由结社能够成长为领导人、结社让人学习对冲突的容忍与妥协，最后结社能够让人们专注在一致的目标上，为共同目标努力（托克维尔，2005）。

上述六种能力的共性是让人们在生活中的焦点从"自利"转换到

"自利利他"。然而，人们要转换惯性思维谈何容易，何况是累积了数十年的集体意识。这一点肃宁县委前期的细致准备与及时纠偏是能如此迅速推展四个覆盖的一大关键。四个覆盖涉及多个政府部门的工作，关键是如何实现"多部门的协调联动"，以及"谁来协调"的机制；一旦机制落实，就为结社的协作甚至政府部门的民主运作奠定了一个良好基础。2010 年 7 月，肃宁成立了以县委副书记为组长，跨部门的领导小组与综合协调办公室，之后为有效"建立认识"与"建立共识"，肃宁县在全县范围内针对农村两级干部分战线、分层次、多批次开展教育培训，并编写了《肃宁"四个覆盖"百事通》《肃宁县"四个覆盖"操作实务》等书籍，为实际操作提供指导。

实际操作中的帮扶与纠偏机制则显示了县委落实政策的决心。县级领导包乡镇，县直部门包村，千名干部下基层的措施，让所有县级干部和 85 个科局都下乡驻村，实施对口帮扶，解决四个覆盖推行的实际问题，指导四个覆盖工作的展开，对于落实不到位的农村则一个一个调查，逐一纠正。可以想见这个过程是一个庞大又繁复的沟通过程，也是政府与社会之间密集碰撞与对话的过程。研究者认为，肃宁县委政府推动四个覆盖的过程就像是一个"大型的结社"过程，它要让长期难以真实表达意见的弱势部门开始说话、让不同意见在跨部门处理中冲突与磨合、学习用整体图景而不是单一部门或组织的角度来看待农村治理、让有能力也有意愿的干部在推展四个全覆盖过程中获得锻炼，最后则是藉此让四个覆盖成为肃宁县委政府一致的推动目标。

（二）慢慢来比较快—结社效益要等待社会资本发酵

要能够显示"团结力量大"的结社效益，关键的前提是社会资本的丰厚程度，当中最重要的"信任"与"互惠"更是缺一不可。帕特南（2001）认为一个人的社会资本可以从他/她的所拥有的社群网络来描述和量度，社会资本是可生产的，有可能从各种社群中产生，一个人的社会资本愈多，能动员的资源就愈多，在生活和工作上解决问题的能力就愈强。农村中的传统社会资本来自于宗族血缘，在市场经济展开之后，农民合作社成为农村的新社群，有人聚集之处就有意见与矛盾，社群之间的理解与信任需要时间，也会得益于原始累积的资本。对肃宁的村民来说，参与各类组织初始来自于实际的需求：治安、收入、值得信赖的村务处理机制等等。然而如何相信"大家是在同一条船上"？如何相信"我帮你一点你也会帮我"？从观看探讨四个覆盖的主题影片《梨花村的笑声》，研究者直观感受到或许农村纯朴民风、亲属关系与尚未彻底破坏的邻里信任，成为催化结社成果的媒介。即使有利益冲突、几代人之间有些过节，但是那份对美好生活的期待并无差别，愿意回馈乡里、照顾弱势的美德也仍是文化中深藏的底蕴。

如同托克维尔（2005）提出的民情（moeurs）一词，其含意不仅指心理习惯方面的东西，而且包括人们拥有的各种见解和社会上流行的不同观点，以及人们的生活习惯所遵循的全部思想，是一个民族的整个道德和精神面貌。如果再深入民情背后一层次，按托克维尔的说法是宗教，研究者认为放到中国的环境里就是中华民族的儒家精神。如"人溺己溺、人饥己饥"、又如《礼运·大同篇》的"选贤与能，讲信修睦。故人不独亲其亲，不独子其子，使老有所终，壮有所用，幼有所长，矜、寡、孤、独、废疾者皆有所养，男有分，女有归。货恶其弃于地也，不必藏于己；力恶其不出于身也，不必为己。是故谋闭而不兴，盗窃乱贼而不作，故外户而不闭，是谓大同"等。数千年的文化基因，这些古老智慧显示了"人人都有权利享有美好生活"的平等精神，也使得热心公共事务起初可能是基于事实的需要，后来是出自自愿；最初是有意后来成为本能，久而久之就养成并达到一种"人人为我，我为人人"的习惯与心灵境界。

儒家的文化传统对于社会资本与制度成功有多大的影响？帕特南对意大利的研究已经证实了历史文化与其不可分割的关系。社会环境和历史深刻地影响着制度的有效性。哪个地区的历史土壤肥沃，那里的人们从传统中汲取的营养就越多；而如果历史的养分贫瘠，新制度就会受挫。视彼此为共同体的公民们，期望得到更好的政府服务而他们确实得到了，其实是依靠公民自己的努力，愿意为了实现共同的目标而采取集体行动。而在公共精神较差的地区，人们更多的则扮演离心离德、玩世不恭的角色，他们不是在参与公共事务，而是在乞求他人来接管属于自己的权利。

正因为公民共同体合作的社会契约基础，不是法律的，而是道德的，因此尊重与实践传统文化在农村当中仍然起着重要的作用。甚至也可以大胆地推估，如果四个覆盖带动了沉寂已久的农村社会资本，也唤醒了大同之道的共同梦想，肃宁将会拥有一片起于政府建置、孕育出公民社会雏形花朵的肥沃土壤。

四　肃宁的启示：从建构民主到内生民主是一种返璞归真

从建构民主到内生民主并非是线性的过程，而是一种同步发展的状态。尤其在农村地区历经了不同政策的发展阶段，与市场经济的不完全洗礼；原始民情的积累与社会资本即使曾经中断，也可能像肥沃土壤中静静等待发芽时刻到来的种子。

梳理农村社会的发展历程，目前肃宁县委县政府履行着作为社会自治的第一推动力的角色，包含通过具体的文件与指导方针确认和促成基层社会自治、通过党组织和基层政权的领导来组织实施社会自治、通过示范实验来具体指导社会自治、通过表彰来鼓励社会自治、通过监督和监察来矫正社会自治中的不当行为。长期以来，其实从执政党中央一直都在推动着基层社会自治发展，无论是官方归结为人民服务的宗旨与落实"三个代表"精神，或是更多客观研究指向，政府保卫政权的危机驱动（crisis-drive）下谋求治理模式的转变；不可否认的是以国家管控社会、包办社会的方式已经使整体付出了惨痛代价，以致危及执政基础。新的公共领域和公共管理需求于焉形成，这些都是现阶段政府力有未逮的领域，更推进了必须转变治理方式、发展社会自治、实现社会自我管理的发展方向（燕继荣，2012）。

所以严格说来，肃宁的四个覆盖是一个完全创新的基层民主试验吗？事实上研究者更认为它是一种从现实需求出发，总结历史经验，去掉形式主义，实践"空谈误国、实干兴邦"的简单策略。然而"简单的事重复做，重复的事用心做"并不容易，现阶段对农民来说，解决如道路、饮水、经济所得、生活质量等方方面面的迫切问题，是政府看到了农民的生活需要，同时也是政府工作的难点，于是牵头形成了四类组织，是一种肯定公共利益在政府服务中的中心地位，将公共利益放在政府官员和公民、国家和社会面前，就共同价值进行对话的结果。

在上述最急迫的问题解决之后，肃宁的四个覆盖是否能够持续在促进公共利益的共同价值观的基础上进行对话与行动？结社的科学功能锻炼会让地区公共性显著地增强吗？有鉴于中国政治中特殊的"一把手效应"，肃宁的农村来得及在一把手换人之前唤醒积淀中的社会资本，找回久违的内生民主吗？而对于其他想学习四个覆盖的省份，如果无法从政府跨部门的合作开始体会结社的奥妙之处，无法理解到让肃宁成功推展的，不是基层民主的口号或是繁复的培训、丰富的手册，而是真正"返璞归真、还权于民"的单纯理念，那可以想见继续推展四个覆盖，下一步将可能有一波形似神不似的折腾，为广大农村反复接受政策试验的历史，再添一抹沧桑。

参考文献

〔德〕哈贝马斯（1999）：《公共领域的结构转型》，曹卫东等译，上海：学林出版社。

〔法〕托克维尔（2005）：《民主在美国》，秦修明、汤新楣、李宜培译，台北：左岸出版社。

〔美〕罗伯特·D. 帕特南（2001）：《使民主运转起来》，江西：江西人民出版社。

〔美〕麦克尔·爱德华兹（2008）：《公民社会》（上、中、下），陈一梅译，《中国非营利评论》第2、3、4卷。

郭圣莉（2005）：《城市社会重构与新生国家政权建设：建国初期国家政权建设分析》，复旦大学博士论文。

李咏（2009）：《村民自治难局》，选自张进、常红晓编《"三农"变局》，北京：中国友谊出版公司，第70~85页。

吕炜、郑若婷（2012）：《河北肃宁县四个覆盖——让分散的农民重新组织起来》，清华大学公共管理学院教学案例。

魏斐德（2008）：《讲述中国历史》，北京：东方出版社。

吴建平（2012）：《理解法团主义——兼论其在中国国家与社会关系研究中的

适用性》,《社会学研究》第 1 期。

燕继荣（2012）:《中国的社会自治》,《中国治理评论》2012 年第 1 辑。

余冰（2012）:《街坊变迁——城市社区组织的国家性与社会性》,北京:人民出版社。

曾腾贯（2005）:《中国大陆村民自治对公民社会发展的影响》,政治大学论文。

张新光（2007）:《中国近 30 年来的农村改革发展历程回顾与展望》,《中国农业大学学报（社会科学版）》,第 4 期,第 19~23 页。

朱健刚（2010）:《论基层治理中政社分离的趋势、挑战与方向》,《中国行政管理》,第 4 期。

Schmitter, Philippe C. (1974), "Still the Century of Corporatism?", *The Review of Politics*, 36. (1), pp. 85 – 131.

Empirical Experiment of Reviving Intrinsic Democracy by Democratic Construction: A Case Study of the "Four Covers Policy" in Su'ning County

【**Abstract**】In the early 19th century, Tocqueville in *Democracy in America*, mentioned that the association might help people acquire the skill of democracy, make them care each other more and enhance their abilities in negotiation and fight for their interests. The policy of "Four-Covers" of Su'ning county organized a lot of farmers by different functions. The local government shares some functions to the grass-roots level Party organizations, democracy organizations, comprehensive management organizations and economic cooperation. It should develop the civil society and make those organizations grow up by themselves. There is a key question: Can those famers make good performances of association by accumulating experiences of dealing with the public affairs and praticing democratic skills? Can Su'ning county recovery the abundant social capital which exists from a long time ago to improve democracy capabilities when the local government lead farmers build those grass-roots level organizations? In this paper, author discussed two important issues, one is the effect caused by the government-oriented movement of association on grassroots democracy and self-governing practice. Second, analyze the possibility of politics from society by improving democratic negotiation skills and developing diversified social organizations.

【Key Words】 Nationalism; Corporatism; Separation of the Functions of the Government and Social Organizations; Social Capital; Civil Society

（责任编辑：郑琦）

美国私立慈善组织主体资格的
法律构建与进路

褚　蓥[*]

【摘要】 美国建国以后，杰弗逊主义弥散，反精英统治情绪在大众和政府中占据主导地位。同时，又由于宪法将慈善组织管理权交给州政府，导致各州对私立慈善组织采取了严格的限制措施。私立慈善组织的主体地位因此受到州权力的侵害。美国联邦法院通过扩张普通法适用范围的办法，逐步将普通法规则灌注进宪法规则之中，从而初步构建了慈善组织主体资格的法律基础。此后，由于时代转变，慈善组织的重要作用日渐彰显，各州对私立慈善组织的态度也逐步改变，最终出台了现代性的慈善法律。这对于促进美国慈善行业的发展作用很大。我国慈善行业起步较晚，主体地位尚未得到有效保护。我国应及时修改法律，加强对慈善组织主体地位的保护。

【关键词】 慈善组织　主体资格　慈善法

一　达特茅斯案

1769 年，美国牧师埃利沙·惠洛克（Eleazar Wheelock）用自己的资金在新罕布什尔州（New Hampshire）汉诺威镇（Hanover）创办了

＊ 褚蓥，清华大学公共管理学院博士后，北京航空航天大学人文与社会科学高等研究院特聘研究员，研究方向：慈善管理与社会保障。

达特茅斯学院，并从英王乔治三世处获得了官方的批准。老惠洛克创办该组织之目的在于教育当地的年轻人，特别是印第安年轻人，以及培养神职和公职人员。所以，这是一所典型的教会私立学院，而非公共机构。老惠洛克委任了十二个理事会成员。这十二个人对学院拥有管理权。

1816 年，新罕布什尔州决定收编当地的私立组织。为此，新罕布什尔州先后出台了三部法令，改变了达特茅斯学院的章程，增加了理事会成员，扩大了对理事会之控制权，获取了对理事会决议之否决权，委任了专门之巡查员来监管学院，并最终将达特茅斯学院更名为达特茅斯大学。新罕布什尔州此番行为的根据除了州的警察权之外，更在于该学院曾多次接受新罕布什尔州的土地资助。此时，老惠洛克已去世，授命掌管学院的是其子小惠洛克的代理人威廉·H·伍德沃德（William H. Woodward）。受政府控制之理事会罢免了伍德沃德的职位。伍德沃德不服，双方遂对簿公堂。①该案从州法院一路打到联邦最高法院。

负责审理该案的是联邦最高法院的大法官马歇尔。他最终支持了伍德沃德的主张，判决新罕布什尔州败诉，由此拉开了美国慈善组织主体地位法律构建历史进程的序幕。那么，慈善组织主体地位法律构建之历史政治背景是怎么样的呢？其法律构建是如何演进的呢？其最终构建成形的法律地位又是怎样的呢？

二　历史政治背景溯源

所谓慈善组织主体法律资格，指的是在法律承认基础之上的慈善组织的财产权及行为自由。慈善组织主体资格分为三类，即信托、法人与社团。其中，尤以信托和法人更为凸显富人慈善的特性，所以也是私立慈善之主流。不过，在美国建国初年，鉴于当时对法人制度理解之模糊，信托稍显流行。于是其成为众矢之的。反对者从信托契约之各个模糊条款入手，否定信托契约的有效性，进而延及组织之主体存在。为了保护

---

① Trustees of Dartmouth College vs. Woodward, 17 U. S. (4 Wheat.) 518 (1819).

信托之主体有效性，支持者也从法律上不断构建组织之主体地位。① 但其构建之路并非一帆风顺，反而面临杰弗逊主义的频频挑战。

1776 年，美国建国以后，新生之联邦政府尚处于脆弱期，恐惧自身内部一切可能坐大之势力。"在国家最初建立之十年后，联邦政府依旧脆弱不堪。其恐惧所有可能威胁自身之势力，哪怕那看起来没有那么危险。"（Hall，2006：35）

在这一大环境下，私立慈善组织作为财富精英之代表，自然招致从公众到政府的集体警惕。在民众层面，美国建国初年，慈善组织之良好形象尚未确立。民众将这些庞然大物视同为精英集团的代言人，专门夺取平民政府的统治权。"人们害怕这些组织代表特别利益，攫取民选政府之控制权。"（Hall，2006：35）由此，杰弗逊主义之民间基础乃得以初步构建。在政府层面，各州政府也对慈善组织保持着警戒的态度。这种状态在新英格兰地区②略显缓和（Hall，2004：6），而在其他地区，特别是在南部地区则显得十分严峻。但是，就算是在略显缓和的新英格兰地区，对慈善组织之警惕也是溢于言表的。并且，政府的这种恐惧感为谢斯起义（Shays's Rebellion）所展示出的强大力量加强（Hall，2004：7）。马塞诸塞州的总检察长詹姆斯·苏利文提到"创设代表各种实体利益之组织，令之强大且尊贵，将直接削弱政府之实力。"（Sullivan，1969）甚至连麦迪逊都认为："土地占有者集团、制造业集团、商人集团、金融业集团和许多较小的集团，在文明国家里必然会形成，从而使他们划分为不同的阶级，受到不同情感和间接法人支配。"（汉密尔顿等，1995：46~47）在这种情况下，杰弗逊主义之政治基础便也构建完成了。

在上述基础上，私立慈善组织便成了杰弗逊主义的攻击目标。这一情况恰与杰弗逊所主张的"铲除人为的贵族，用自然的贵族取而代之"

---

① 在美国建国初年，慈善信托是主流。其尤能体现富人慈善的特点。故而，对慈善信托之保护颇能体现对慈善组织主体资格之保护。至于社团与法人，虽然确为慈善组织主体资格之两大脉络，但是，一者法人资格盛行较晚，系未来信托不堪重负时，代信托而起者（下文对此过程亦有所涉及），二者社团所体现之公益性略弱于其公益性，现代慈善性较弱，三者本文篇幅有限，故而非本文所欲详述者。

② 新英格兰地区包括美国东北部的六个州：马塞诸塞州、康涅狄格州、佛蒙特州、新罕布什尔州、缅因州和罗得岛州。

相契合。杰弗逊幻想建立一个贫富平均的社会，"让它的分割与人心的自然感情联系起来进行，静悄悄地缩小财产上的不平等。"（刘祚昌，1980）所以，其将慈善组织作为重点攻击的对象之一。对于私立慈善组织的攻击，杰弗逊主义是从促进修订美国慈善法律入手的。

在美国建国之后，受反英情绪的影响，各州开始大规模地废除原有的英国法律，特别是英国的普通法。杰弗逊认为应该大幅废除旧法："然而，我们的律师和牧师却喋喋不休于这条规则；并认为前人比我们有更大的自由；他们有权为我们立法，而我们不得变更之；同样的，我们可以制定法律，施行于后人之上，而他们亦无权修改之；总之，这片土地乃属于逝者，而非今人"（Putnam et al.，1893：47）。

杰弗逊批判"土地乃属于逝者，而非今人"，目的正在于废弃原有的英国法律及先例并重新立法，是美国修改法律时的主导思想。受杰弗逊主义之影响，当时的人们普遍认为"英国法律是贵族社会的产物，因此不适合于美国"，所以要求"焚烧掉那大堆的法律故纸堆"（Miller，1961：12）。

这种普遍的情绪推动各州走上了慈善组织法律修订的道路。"明尼苏达州废除了《伊丽莎白慈善用途法》，并拒绝承认法院拥有衡平裁量权。"（Hall，2006：35）马塞诸塞州在数十年中拒绝给予其法院以衡平裁量权（Curran，1951）。纽约州废除了与慈善组织相关的英国普通法（Hall，2006：35）。在没有普通法和衡平裁量权的情况下，英国原有的慈善信托便无法运行，而在英国法中信托正是慈善组织的根基。关于这一点，我们将会在下文的数个案件中看到。

1812年美国第二次独立战争后，这种状况愈显严重。这个时期乃是杰弗逊主义呼风唤雨的时刻。杰弗逊刚刚从总统宝座上卸任，而与英国的又一场大战更是引发了人们的反英情绪（Stagg，1976）。弗吉尼亚州州长约翰·泰勒（John Tyler）在议会上发言说："我们是否应该永远使用僵化高傲的君主制下的原则来统治我们自由的共和国机构呢？"（Tyler，1884：261）。纽约州的威廉·桑普森（William Sampson）律师提出，所有的英国法官，连同他们的君主制学问，都不适于解决美国的法律问题。"普通法在移植到另一片土地上之后，就不再有这些英国人眼中的优势，可以弥补其众多的令人震惊的缺憾和奢靡了"（Gales & Seaton, 1826：57）。

除此以外，还有很多州出台了大量限制私立慈善组织的规则。除新英格兰地区以外的其他州纷纷出台规定，限制社团的权力，并限制公民向慈善组织捐赠。纽约州成立了州大学校董会，监管当地教育、慈善及专业学校（Hall, 2006：35）。并且，"1820 年，该州出台的法律限制了慈善组织的接受捐款的规模和遗赠者的捐赠规模。"（Hall, 2004：7）而弗吉尼亚州则索性成立了第一家州立大学，以公立学校代替私立学校（Hall, 2004：7），并解散了英国国教教会，罚没其财产。① 这是州权力对慈善组织的直接干涉，严重危及众多组织的生存。

当然，不容否认的是，造成这一局面的根源除了杰弗逊主义的弥散以外，还在于美国宪法规定的联邦与州的分权，以及现代慈善规则的欠缺。一方面，在既有美国宪法框架下，慈善组织归州管理，联邦对此无从置喙。当时离二战后的 1939 年和 1969 年税法改革②（Simon, 1995）尚距数百年，除了通过联邦最高法院的宪法审查权以外，联邦政府对州政府约束私立慈善组织主体地位的做法几乎是束手无策的。但是，联邦最高法院又需要遵守不告不理之原则，所以，联邦在控制州权力方面，可用之机会甚少。另一方面，由于没有确定的慈善规则为慈善组织确权，所以，私立慈善组织完全暴露在州警察权之下，任由州立法机关摆布。"慈善法之不确定和模糊凸显了美国法律本身之含糊。"（Miller, 1961：15）由此，两相结合，"在缺少统一的联邦政策体系的情况下，各州便各行其是，根据当地情况和普遍的舆论观点处置慈善组织"（Miller, 1961：15）。

联邦失语，州权力横行，杰弗逊主义大行其道，政府与民众普遍不信任，法律规则一边倒。这一大环境便是造就新罕布什尔州决心要出手整治达特茅斯学院之原因，也是马歇尔大法官要借宪法审查权之威力整饬州权之根源。在这一场大仗弥散的硝烟之后引出的是慈善组织主体资格法律构建这一结果。

---

① Terrtt vs Taylor, 13 U. S. 43（1815）.

② 通过 1939 年、1969 年税法改革，联邦政府成功地夺取了对免税组织的控制权，从而在这场旷日持久的联邦与州权力之争中胜出。

三　主体地位的初步构建

马歇尔大法官显然敏锐地捕捉到了达特茅斯案的重要意义。诚如该案原告代理人丹尼尔·韦伯斯特（Daniel Webster）在其冗长的辩护词的结尾所说的那样："这个案子不仅仅关乎我们这个小小的机构，还关乎我们土地上的每一所学院。其更关乎整个国内所有的救济机构，所有伟大的慈善机构，它们是由我们虔诚的祖先创建的，解救人们的苦难，在人们的生命之旅中播撒福音。"（Fuess & Webster，1930：227）所以，马歇尔大法官动用了宪法审查权，从宪法规定保护契约的角度对该案作出判决。

马歇尔大法官认为达特茅斯学院之特许状乃是英王、老惠洛克与理事会之间的三方契约，受法律之保护，虽英王或万能之议会也不得悖逆之。"这是一份契约，通过这份契约，动产或不动产被转让给组织。"① 所以，受这份契约保护之组织，一般之立法权是不可褫夺其权利的，哪怕是为了公共利益之目的。但政府可凭借主权为之，因为罚没或剥夺之行为属于主权行为。但同时也正是因为此种主权行为是万能的，所以也必然是罕有的，仅得于三种情况下动用之：（1）章程所授予之权力涉及政治权力者；（2）有重大及压倒性之国家必须者；（3）章程被滥用而应公平地加以撤销者。除此以外，任何行为皆不可侵犯组织之独立权利。慈善组织乃独立于政府之外，政府亦不得以公共利益为借口随便剥夺慈善组织之法定权利。由此，慈善组织之基础权利——财产权——便得到了保护。

但是，马歇尔大法官并未止步于此。其进一步厘清了慈善组织的私有财产与公共财产之关系，"财产之使用为公众造福；这并不能改变财产之性质，或所有者之权利。"否则，这便"不是法律，而是暴行"。② 这一区分乃将慈善组织公益性与财产私有性两者之并列状况明确地揭示了出来。州权力并不能单纯依据公益性而侵害组织财产之私有性，公共利益也需要顾及个人权利。由此，在公共利益与私人利益之间，便划出了一条简单的界线。这条界线在未来诸多判例中都有涉及，最终成为州警

---

① Trustees of Dartmouth College vs Woodward, 17 U. S. (4 Wheat.) 518 (1819).

② Trustees of Dartmouth College vs Woodward, 17 U. S. (4 Wheat.) 518 (1819).

察权正当程序原则（Due Process）确立之基石。

由此，通过契约规则，慈善组织的主体地位乃得以确立。其主体地位之根基是一种信托，即设立人对管理者之信托。在这一信托关系下，管理者所代表之慈善组织有权行使财产权、经营权等各种权利。对这些权利，政府除动用主权外，否则不得随意干涉之。

马歇尔大法官的这一判决，乃是借助宪法规则之手，将普通法规则在慈善领域重新复活了。或者更为确切地说，是实现了宪法规则与普通法规则之合璧。对于宪法规则而言，其过于宏大而模糊不清，无法规制细致末微之慈善领域。纵然宪法中有契约规则之概样，也不敷使用。对于普通法而言，其虽能够保护私权，但却无法规制立法机关，所以面对新罕布什尔州议会的行为显得束手无策。明智之马歇尔大法官借助宪法规则之手，将普通法规则灌注其中，成功地为慈善组织之主体地位构建了法律根基，而且这一根基竟是建立在宪法原则之上的。①

通过这种方式，马歇尔同时完成了三件大事。其一，以联邦法院之司法权压制州警察权，并间接打压了当时甚嚣尘上的杰弗逊主义。通过本案，联邦最高法院获取了对慈善组织相关案件审查权，所以未来诸多慈善相关案件皆出自联邦最高法院之手，而州机关之行为则略受联邦之钳制。由此，"新兴出现的组织便从公法的控制下被释放了出来"（Morton，1982）。并且，其还暂时抑制了杰弗逊主义的滋长，至少保护住了达特茅斯学院这块净土。

其二，为未来传统慈善向现代慈善之转变中慈善规则之现代化奠定了基础。关于慈善组织私权利与政府公权力间之划分，乃是从罗马时代便已开始之事业，而且罗马人其实也已经做得很好了。② 所以，该判决之意义绝不仅在于此，而更在于传统慈善向现代慈善转变这一历史环境中

---

① 但是，这一根基依旧存在不小的漏洞，即其仅得在当地无明确慈善法律规则时适用。所以，其仅仅起到了补强之作用。这一漏洞在未来"哈特遗嘱案"〔Trustees of Philadelphia Baptist Ass'n vs Hart's Executors，17 U. S. 1 (1819)〕中暴露了出来。

② "公法是有关罗马国家稳定的法，私法是涉及个人利益的法。事实上，它们有的造福于公共利益，有的则造福于私人。公法见之于宗教事务、宗教机构和国家管理机构之中。私法则分为三部分，它是自然法、万民法或市民法的总和。"民法大全选译，D. 1，1，1，2 35，转引自张问《从社团看罗马公私法的分野》，www. aisixiang. com，2005 – 08 – 10。

慈善规则现代化之铺就。

在传统慈善向现代慈善转变之过程中，随着现代慈善组织之纷纷建立，建立现代化的慈善管理制度亦成为不可避免之问题。"组织是一种特权，由州立法引领，并由法律保护，这甚为令人嫉羡。"（Gross，2003：42）。现代化之慈善需要由现代化之法律和现代化之行政管理保护与规范"在政府和当地一般法律之保护下，这些组织才能获得安全，且才能发挥作用"，"其所需要者乃是仁慈、庇护以及大方的立法机关"。① 所以，马歇尔大法官显然极为精准地认识到了此种趋势，并深味与达特茅斯学院同类的私立慈善组织之生存安全与功能发挥全然在于法律保护之上。

并且，值得注意的是，现代慈善之法律治理并不仅限于法律保护一个层面。其还有另一个层面，即立法规范。此便是马歇尔所说的"一般法律"。对慈善组织主体地位的保护乃是为发挥慈善组织之功能而作之准备，同时，为避免慈善组织侵犯公共领域之社会公益，对其做出限制亦是十分必要的。故而，需要由立法机关制定一般法律，而非专门针对某个组织制定特殊法律，来构建此种体系。

所以，马歇尔的判决显然在慈善规则现代化上使足了功夫。其借助普通法，暂时构建出一套可用之慈善组织管理体系，并以宪法审查之威权，钳制滥行之州立法机关。通过这种方式，私立慈善组织乃得以合法运营。更为重要者，其中还暗含了一种韵味，常为人所不察，即其在设定上述体系时是将慈善组织作为主体来看待的，而非将之作为敌人。立法机关之各种立法行为不得损及组织本身之主体地位所包含之各项权利，否则便是与组织之主体地位相对抗。这便是马歇尔大法官在达特茅斯案中所反复强调的基本原则。"任何人不得被剥夺其财产、豁免权或特权，除非经过法官判决或根据本国法律之规定。"②

由此，其对未来吉拉德遗嘱案以及各州慈善法律之大规模改革所起之引导作用，不可谓不是居功至伟也。也正是在这一判决所奠定的原则的引导下，美国慈善法才得以形成今天的盛况。

其三，确立了一种保护多样视角的传统。在传统慈善向现代慈善转

---

① Trustees of Dartmouth College vs Woodward, 17 U. S. (4 Wheat.) 518 (1819).

② Trustees of Dartmouth College vs Woodward, 17 U. S. (4 Wheat.) 518 (1819).

变的过程中，慈善组织主体地位之法律构建还确立起了一种保护多重视角的传统。"达特茅斯案不仅划清了私域与公域，还通过上述划分而使美国社会之多重视角得以永恒。"（McGarvie，2003：104）在这一传统之中，身处不同社会阶层的人们可以独立发出自己的意见，而不用担心受到杰弗逊主义所主张之国家主义（McCoy，2002）的戕害。某些慈善组织哪怕确实代表了小集团的利益，但依旧被允许存在，并被允许发出自己的声音。在这样一个前提下，一个不同观念间相互协作的民主社会才得以可能。"对于在赤裸裸暴力不应该介入的时候必须用理由来说服的人们来说，这种'能够说不'的规范性断层线，是他们的有限自由的标志"（哈贝马斯，2003：400）。

此种主张在社会公域中不同观念间开展相互协作，共同创造幸福社会的理念被人们归纳为"公民社会理论"。而这种多样性选择理论的根基正是对不同社会主体之法律地位的构建。"这个领域是通过基本权利而构成的，这个事实提供了有关这个领域之社会结构的最初信息。集会自由和结社权利，同言论自由一起确定了自愿性社团的活动空间；这些自愿性社团介入公共意见形成过程，处理具有普遍关切的议题，为那些没有得到充分代表的、弱小的团体代为发言、追求文化的、宗教或人道主义的目标，形成教派团体，等等。"（哈贝马斯，2003：454）所以，后现代之公民社会理念乃是奠基在之前确立的基础法律结构之上的。具体到慈善领域，慈善组织后现代功能之发挥，正是奠基于传统慈善向现代慈善转变过程中慈善组织主体地位之法律构建之上。这便是说，后现代公民社会理论的根基正是现代主义的慈善组织主体地位的法律构建。所以，后现代之诸多判例的理论根基，如"绍姆堡案"，乃是与之前的主体地位的法律构建，如达特茅斯案，同出一门的。

总之，经由达特茅斯案之精巧判决，慈善组织之主体地位的轮廓已经初步成型。但是，其中依旧隐藏了不少问题，有待未来加以解决。

四　主体资格之进路

虽然慈善组织之主体地位在达特茅斯案中已经初步成型，但是其实现这一构建乃是凭借了补强之普通法，而非成形之规则体系。更兼在美国建国后，法官们对英国普通法之了解极为有限，尚不能自由地引经据典，① 对慈善组织之保护自然极为不利。

这一问题在马歇尔主审的另一个私立慈善组织相关案件中暴露了出来。这便是"哈特遗嘱案"。② 在该案中，由于弗吉尼亚州之前已经废除了英国法律，所以，连同普通法一起都无法在该案中适用。③ 而且，就当时对英国法之了解，人们认为一旦遗嘱中设定之信托未能指明具体组织的，或者组织尚未成立的，则该信托之目标即被视为不明确，而导致信托失效。"其指定的协会虽然十分精确，让人清楚明了，但却没有成立，故而没有能力承担该信托。"④ 并且，马歇尔还仔细考察了英国法的规定，查看在该情况下，如果该信托是慈善性质的话，是否可以获得法院的特别救济。经过考察发现，只有在信托指定客体完全不确定，仅指明要用于一般的慈善或贫民时，才会由王室行使特命权（Royal prerogative）予以特别指定⑤（Wicker，1975）。虽然《慈善用途法》确实能够提供救济，但是英国法院在该法出台前从未提供过相关救济。而弗吉尼亚州已经撤销了英国法，该法也随之失效，不再能提供类似救济。由此，马歇尔判决浸礼协会败诉。

---

① "吉拉德遗嘱案"的主审法官斯多里（Story）在谈到马歇尔大法官于"哈特遗嘱案"中所提到的问题时，如是说："我们现在的信息渠道增多了，所以这些疑问就不再是问题了。"Vidal vs. Girard's Executors, 43 U. S. 2 How. 127 127（1844）.

② 案情简介：1790 年，弗吉尼亚州的居民哈特先生立下遗嘱，要把自己的军券（military certificates）捐给一家名为浸礼协会的组织。这家组织当时尚未正式注册成立，但却一直在定期开展活动。1792 年，弗吉尼亚州议会废除了所有的英国法律。1795 年，哈特先生去世。1797 年，浸礼协会在明尼苏达州注册成立。其要求哈特先生的遗嘱执行人执行遗嘱，交付遗赠物。遗嘱执行人以哈特先生去世时组织尚未成立为由，拒绝执行遗嘱。双方遂对簿公堂。Trustees of Philadelphia Baptist Ass'n vs. Hart's Executors, 17 U. S. 1（1819）.

③ 但是马歇尔在审查"最近似原则"时其实还是适用了英国法。这也算是对英国法之一种复活。

④ Trustees of Philadelphia Baptist Ass'n vs. Hart's Executors, 17 U. S. 1（1819）.

⑤ 所谓特别指定，指的是指定信托的特别用途。由于英国信托必须有一个明确目的，所以，在信托中仅设定一般之用途，如用于贫民，将导致该信托因缺少明确的目的而失效。而王权的特别指定则是运用了最近似原则（Cy-pres），即指定最符合信托目的之用途。

该判决显然令私立慈善组织的主体地位重新归于模糊状态。信托之效力受到限制，导致组织本身对信托财产之接受与处分能力也随之受限。马歇尔未能按照正确的信托强制执行规则来保护信托权益① （Power & Watkins，1966），导致私立组织之主体地位受到地方的严苛的注册要求的钳制。更为重要的是，州政府对私立慈善组织的限制竟然得到了联邦最高法院的认可，这对于州政府无疑是一种鼓励。如此则州政府随意找一条模糊条款，便可要了一个组织的命。所以，人们认为该案乃是联邦态度的拐点（Patton，2000）。不过，更为确切的说法应是联邦最高法院在慈善组织主体地位上存在摇摆，而摇摆的关键则在于对慈善组织主体地位法律构成的认识不准确。

情况在 1844 年"吉拉德遗嘱案"② 中再次出现变化。在该案中，联邦最高法院的大法官斯多里不仅推翻了马歇尔大法官在"哈特遗嘱案"中的观点，而且还提出了一种全新的法律创设，由此将慈善组织主体地位的法律构建再次拨回正途。虽然其在判决书中提出本案与"哈特遗嘱案"有两点不同，③ 但是其也详细地探讨了马歇尔在"哈特遗嘱案"中的法律分析，并全盘否定了其看法。他指出，"没有证据表明不存在衡平权，以至于我们没法提供法律救济。它们（权利）在那时仅仅是沉睡的，

---

① 原文如下："1601 年慈善用途法之前的英国慈善信托的强制执行的情况，直到 1827 年才为美国人所了解。""最高法院的这一观念（哈特案中的观念）犯了历史性的错误……"

② 案情简介：法国人斯蒂芬·吉拉德（Stephen Girard）于 1777 年迁居美国，并在当地迅速暴富，成为美国首富。其于 1831 年去世。在其遗嘱中，他将大量的产业捐给其所捐的旧金山市，并委任旧金山的市长、市参事以及当地的市民为受托人。其在遗嘱中指明这笔捐款应被用于慈善目的，但却未说明具体的目的为何。吉拉德先生的其他继承人认为该遗嘱既没有指定有效的受托人，也没有说明信托的用途（只指定要修建一个学校和铺设一条道路，但没有明确说明余款之具体用途），而且，吉拉德生前为自然神论者，旧金山可能违背其信仰而将捐款用于其他目的，所以他们主张遗嘱无效。双方遂对簿公堂。Vidal vs Girard's Executors，43 U. S. 2 How. 127 127（1844）。

③ 两点不同是：1. 在"哈特遗嘱案"中，英国法已经完全被立法机关废除了，所以无法从这些规则中获得帮助；2. 受捐赠者乃是一个未正式成立的协会，没有法律能力接受和持有信托财产，且受益人也是不确定的。Vidal vs Girard's Executors，43 U. S. 2 How. 127 127（1844）。

但它们并没有死亡"。① 所以，与马歇尔不同，斯多里提出了一种慈善组织主体资格的法律构建，即信托本身不因为受托人的消灭而消灭，而应由法院来重新安排受托人。同时，根据最近似原则，其还提出如果信托目的过于宽泛，可由法院加以指定。由此，斯多里大法官在该案中完成了对慈善组织主体地位的法律拟制。

这一拟制是对人们原来对信托规则理解的扩张。在人们原来的理解中，包括马歇尔大法官，都认为慈善组织的基础是信托，或曰信托协议，而信托成立的前提必须是组织法律性质明确，信托目标清楚。正是这一种理解在"哈特遗嘱案"中困扰了马歇尔大法官。但是，斯多里大法官显然对普通法有着更为深刻的理解。其将人们的上述理解都给推翻了，并提出了一种全新的法律拟制，而这一拟制乃构建于英国的"最近似原则"的理念之上（Wicker，1975）。"如果组织有这么一种权力，其就可以像私人一样接受和持有信托财产；如果信托与组织设立之目标不合，则其不该被强迫如此，但这并不导致信托无效，衡平法院应重新委任一个受托人以满足信托之目标。"② 这是对慈善组织主体地位所受到的人为限制的一种突破，是对慈善组织主体地位的一种扩张，而这一扩张的基础则是"对私人慈善法律基础的一种确认"（Hall，2004：8）。

但是上述判决并未从根本上改变人们的看法（S. &Jr，1968），毕竟改变一种制度，除需要法律构建以外，还需要历史政治的综合环境的契合，何况有的州尚不接受这种法律构建③（Miller，1961）。这一环境之改变源于19世纪初期的第二次大觉醒（the Second Great Awakening）、城市经济的发展以及内战对美国国内环境之整体性变革。

盛行于19世纪早期的第二次大觉醒极大地提升了人们的宗教热情和教会的入会率。有数万人在西部沿线参加宗教复兴运动，有数百场宗教改革运动在东部地区举行（Lash，1995）。这场运动除了深刻地触及美国人的宗教文化，推动了美国的宗教改革以外，更为以天主教为代表的小

---

① Vidal vs Girard's Executors，43 U. S. 2 How. 127 127（1844）.
② Vidal vs Girard's Executors，43 U. S. 2 How. 127 127（1844）.
③ "1832年，（明尼苏达州的）立法者再次拒绝了数家宗教和慈善社团的设立申请，其引用的是与之前一样的理由。"

众组织提供了机会。在宗教领域，新教徒不再是独占一方，小众也可以拥有信仰自由。因此，在宗教领域，慈善组织的自由权开始扩张。

城市经济的发展促进了城市化，并给予慈善组织更为广阔的施展舞台，反复验证了慈善组织在政府以外的效能。"数以千计的自由的地方慈善组织和志愿者协会投身于每一个可以想到的实践领域。"哪怕是那些限制慈善组织的州也不能免俗。"公共服务的政府供给并没有排除私人的支持……救火职责在多数城镇都是交给志愿者组织来履行的。"（Hall，2004：8-9）而且，城市经济的发展给慈善组织带来了更为丰沛的资源，使其规模逐步扩大（Patton，2000）。有的州，特别是东部地区的州，甚至在宪法中规定，鼓励慈善捐款（Knaplund，2009）。

所以，当年托克维尔在出访美国后，才会如此惊讶于社团在美国社会中的作用："美国人不论年龄大小，不论处于什么地位，不论志趣是什么，无不时时刻刻在组织社团。……为了举行庆典，创办神学院，开设旅店，建立教堂，销售图书，向边远地区派遣教士，美国人都要组织一个团体。"（托克维尔，1991：635）

而内战之效果更在上述两者之上。内战改变了州与联邦势力的对比关系，统一了国家的经济和文化，更为慈善组织作用之凸显提供了机会。这种凸显不仅仅见于内战期间私人救济机构所发挥出的突出作用——在战场上为士兵提供医疗和其他服务，还见于战后重建阶段在培养公共参与精神上的效能——培训公民并为公民提供了进行公共参与的领域（Hall，2004：9-10）。

此外，以卡内基为首的财富新贵们在慈善现代化上所起的作用也是不容小觑的。他们扩大了慈善组织的规模，提升了组织的专业水平，并将组织重新定位于推动社会改革这一目标之上。"把富人的巨额剩余财产在他们生前通过适当的运作用于造福公众的事业……财富的捐赠绝不能使接受者堕落、进一步陷入贫困，而是要激励最优秀和有上进心的那部分穷人进一步努力改善自己的境遇。"（卡耐基，2007）这一定位恰与当时政治上的进步主义（Progressive）的上升相合拍。慈善家遂被誉为"社会改革家"，而人们也开始解除心中对大财阀的警惕，转而对慈善组织表示欢迎。

但这是一个渐进的过程，并且在州法律最终修订前，法律上的限制依旧是存在的。其中最为突出的一项限制就是纽约州的限制捐款规模的规定（Hall，2004）。所以，改革既有规则，构建一套作为慈善组织主体地位基础的现代化慈善法律规则乃势在必行。

改革之契机在于著名的"泰尔登案"①（Tilden et al.，1891）。在该案中，法官拒绝承认慈善捐赠的目的可以一般化，认为这么做"便是用受托人之意志替换了捐赠人的意志，使前者拥有了控制捐赠物的处置权"（Tilden et al.，1891）。这等于将斯多里大法官开创的法律拟制重新否定了。这种做法引发了人们的焦虑，并促使众组织相互合作，共同推动各州的立法改革。改革最初是以修正信托规则为目的，比如纽约州、俄亥俄州、伊利诺斯州等地区就修改了信托规则，承认组织的主体地位成立与否与信托指定的目的间没有联系，即信托可以指定一般性的目的（Hall，2004：14）。

随后，由于私立慈善组织的日渐增多，以特许状形式设立信托慈善组织的方式已然不敷使用，信托法中的诸多弊病也限制了私立慈善组织的发展，更为重要的是，人们在 19 世纪中期终于弄清了商业法人与慈善法人之间的区分。所以，从这一时期开始，改革开始向着突破信托法的限制，转而投向法人制度发展。比如，1848 年，纽约州通过《一般法人法》，首次适用法人制度；1895 年，纽约州放松了对慈善组织的管制，并出台了《会员制法人法》，将法人制度推广到图书馆、校友会等组织之上。由此，慈善组织主体地位之法律构建终于完成。

此后，通过各州与联邦的多次立法，特别是联邦税法于 1894 年第一次将慈善组织纳入自己的管辖范围之内，并在随后的数十年间逐步架空

---

① 案情简介：塞缪尔·泰尔登（Samuel Tilden）先生死于 1886 年。其生前曾留下遗嘱，成立一家"泰尔登信托"，将大宗财产注入其中，并指定了三个受托人加以管理。该信托将被用于维持一家公共图书馆。如果在其中两位信托人去世后，资金尚有剩余的，则信托的余款将用于成立其他信托基金，或如果受托人认为此不可行的，也可用于其他慈善、教育和科学用途。所以，泰尔登的遗嘱中并未就"泰尔登信托"的余款指明确定的用途。主审该案的纽约州上诉法院法官认为在该案中余款指定的用途不明，无法适用最近似原则，而该余款条款与整个遗嘱成为一体，不可分割，所以判决"泰尔登信托"败诉，遗嘱无效。

州在慈善组织主体资格事务上的管辖权，① 慈善组织之主体资格逐步得到加强，而各州在这一场争斗中则渐渐淡出。未来慈善组织所面对的对手也从州政府变成了联邦政府，特别是在二战之后。

五 主体资格之法学梳理

虽然在自美国建国至今的数百年间，慈善组织与州政府之间关于组织定位，以及联邦政府与州政府之间关于组织管理权等问题一直抵牾不断。但是，这些抵牾都是在法律框架下进行的，是以法律为言说的正当性依据的。由此，慈善组织主体性法律构建的层次与范围便成为其要害因素了，而对这一法律构建的法学梳理便显得十分重要。具体而言，在这一法律构建之中，包含了如下几个层次的内容。

一者，组织法人资格之基本构建。在慈善信托阶段，慈善组织之基础为当事人的信托，所以，其可以凭借信托契约，委任理事，并运营信托的财产。这是英国法下对私立慈善组织的基础性理解。马歇尔大法官在达特茅斯案判决中维持了这一理解，从而授予了慈善组织高于立法权的重要地位。这一地位受到宪法保护，且如果慈善组织合法经营的，即不受州权力之随意侵夺，纵然以公共利益为旗号亦如是。这一主体资格虽然基于信托之上，但在之后通过各州之立法改革而逐步发展丰满，进而外化为法人资格，从而真正确立起了慈善法人之主体资格。也就是说，信托资格之确立其实为法人资格之保障提供了一个前提。

晚近以来，在慈善组织这一主体地位上依附的权利愈为增多。包括财产权、名称权、言论自由权、劝募权在内的各项权利皆以这一主体地位为重要载体。比如，在1980年的著名案例"绍姆堡案"，联邦最高法院大法官怀特即以慈善组织之言论自由权受到宪法第一、第十四修正案保护为由，判决州不得随意限制组织在该州开展劝募活动。② 这便是慈善

---

① 这一变化集中体现于二战之后几次税法的修订之上，特别是1969年的税法修正案。通过这一系列的立法，州在慈善组织管辖方面，仅剩下少数几项权力，而联邦则成为实际的施政者。

② Village of Schaumburg vs Citizens for a Better Environment，444 U. S. 620（1980）．

组织主体性地位确立之重要功效，即其为未来慈善组织各项权利之创设提供了一个坚实的平台。

二者，信托对象之最近似原则。经过斯多里大法官之拨乱反正，美国人终于正确地理解了英国法中信托最近似原则的本意。"如果信托与组织设立之目标不合，则其不该被强迫如此，但这并不导致信托无效，衡平法院应重新委任一个受托人以满足信托之目标。"

在这一前提下，慈善组织才得以不再受到州权力之随意侵袭，导致信托人做出的信托经常性的失效。这便是说，这一拟制打通了信托中两个关键点的一个。在信托中，有两个致命的关键点：一个是信托对象不明确或不存在，一个是信托的受益人不明确或不存在。而通过信托对象最近似原则的适用，前一关键点便被打通了。

打通这个关键点的结果十分明显，那便是从根基上保护了慈善组织之主体地位。从表面上看，最近似原则仅适用于慈善信托失败之时，而非组织设立之初，所以此与组织主体资格似乎无涉。其实不然，从上述案例可知，在没有最近似原则的情况下，任何已经设立完成的信托在州权力面前都是孱弱的。州政府只要随意找出一条模糊的信托条款便可轻轻松松地摧毁一个组织。所以，最近似原则之存在乃是从根本上决定了慈善组织主体地位存续之可能。

三者，慈善组织目标的一般化。自组约州等州修改法律后，现代慈善法已经逐步走出信托规则的限制，实现了信托目标之泛化。这便是打通了上述第二个关键点。而且，这第二个关键点较前一个尤为关键。前一个关键点打通的是私立慈善组织的财富来源，而第二个关键点打通的是私立慈善组织的财富去向。基于此，私立慈善组织才可以实现自身经营范围的一般化，并凭借着这一经营范围的一般化突破了法律对慈善组织资金规模及接受捐赠规模上限的限制，最终实现组织的自由运营。受这一改革的影响，在美国现有的税法典中，对非营利组织的目的规定也采取了列举型的方式，包括："宗教、慈善、科研、公共安全测试、文学、教育、促进全国或者国际性的业余体育竞技（但不得涉及体育器材或者设备的供应），或者防止虐待孩童或者动物等目的"。

　　受组织目标一般化改革之鼓励，众多私立慈善组织开始试水新型的组织。这是慈善组织现代化的一次重要跨越。1901 年，洛克菲勒创立了一所学校，开始仅面向南部的黑人，后来扩展到向全国范围提供教育；1905 年，卡内基创办了一家基金会，以促进教育；塞奇的罗素·塞奇基金会创立于 1907 年，在全国范围内解决各种社会福利问题；1911 年，卡内基创办了一家当时规模最大的基金会，为"促进和传播知识和认知"（Hall，2004：14）。

　　所以，慈善组织目标的一般化，是慈善组织主体地位法律构建中基础性的一步，是慈善组织主体地位的一次真正释放，是法人资格走出帷幔的重要胜利。而这一胜利同样应归功于慈善组织主体地位的法律构建，即以信托为基础的主体资格的构建。

　　四者，现代慈善法之确立。如上所述，慈善组织主体地位法律构建的要害在于成体系的现代慈善法的保护与规制。其不仅应该保护慈善组织之地位，并应该规制其他立法主体和行政主体之监管行为。只有在这一前提下，慈善组织之主体地位才得以真正确立。

　　与该理念相对应，在现代慈善主义正式确立以后，美国政府旋即跟进，大量立法。1894 年美国联邦税法第一次将慈善组织纳入自己的管辖范围之内。同年公布的《关税法》正式运用了"免税组织"（Tax-exempt Organization）这一概念，并正式确立了"慈善组织须以慈善为运营的宗旨"之原则。① 1909 年的《税收法》引进了"私人利益输送禁止规则"。1913 年的《税收法》确立了针对免税组织的所得税体系。1913 年威尔逊总统上台后发动了"沃尔什调查"（Walsh Investigation），并藉此出台了 1917 年《税收法》（资中筠，2006：49~50）。

　　由上可见，在现代慈善主义建立以后，联邦政府便开始加紧配套建立现代化的科学慈善法律体系。这些立法活动不仅保护了慈善组织的主体地位及其上依附的各项权利，还规范了立法机关和监管机构的权力运用。

----

　　① 但该法于 1985 年被最高法院宣布为违宪。

六　中国慈善组织主体资格构建之探析①

目前，我国的慈善行业已经初具规模。据相关统计显示，截至 2011 年底，我国共有各类社会组织 45.75 万家。虽然我国的慈善行业发展很快，但是在慈善组织法律定位方面，却依旧存在不少问题。总的来说，这些问题集中在如下几个方面。

第一，没有关于"慈善"或"慈善组织"的官方定义。由于缺少统一的《慈善法》，所以，目前我国各部法律法规使用的概念各不相同，并不统一。比如，《中华人民共和国企业所得税法》使用的是"非营利组织"这个概念，包括"社会团体、基金会、民办非企业单位"三类组织；《关于公益性捐赠税前扣除有关问题的通知》使用了两个概念，一个是慈善组织，一个是公益性社会团体，其认为慈善组织是公益性社会团体的一个下位概念，同时，还将基金会排除在公益性社会团体和慈善组织之外。所以，目前我国在慈善或慈善组织的定义方面并不统一。在这种情况下，慈善组织主体地位之法律构造更是无从谈起。

第二，现有分类体系混乱，各类别下组织性质模糊。目前，公认的分类标准是将各种非营利组织分为三类，即社会团体、民办非企业单位和基金会。其中，民办非企业单位是 1996 年从事业单位中分离出来的，公办的叫事业单位，私营的叫民办非企业单位。国家还针对这三类组织分别制定了条例，即《社会团体登记管理条例》《民办非企业单位登记管理暂行条例》和《基金会管理条例》。

---

① 关于慈善组织主体地位的探讨，国内目前几乎处于空白状态。笔者搜索到的专题研究文献仅有 2007 年孙嘉的硕士论文，《我国慈善组织的民事主体构造研究》；2007 年黄木春的硕士论文，《我国慈善组织的法律地位研究》；王长春、李静：《试析慈善组织的法律地位》，《天津工商大学学报》2009 年第 3 期。可见我国学界在慈善组织主体地位的法律构造方面的研究严重不足。从既有文献来看，孙嘉的文章从民法的角度大概谈到了慈善组织的定位问题，但是缺少法律拟制，未能解决根本问题；黄木春的文章综合分析了慈善组织的性质，但是没有从法律角度解决慈善组织主体地位的问题；王长春、李静的文章提出要将慈善组织归于财团法人，结论过于简单，不符合实际。所以，在现有文献中，缺少对慈善组织主体地位的有效的法律构建。

这一分类方式同时采用了"资合组织—人合组织标准"与"普通法律—特殊法律标准"双重分类标准。这种双重标准同时使用的情况容易引发不同标准间难以契合的问题,造就很多模糊的真空地带,比如信托基金会的法律定性、新型社会组织的法律定性等问题。并且,也使人们无法了解具体哪一种为慈善组织,哪一种不是慈善组织。

第三,缺少统一的现代慈善法,无从规范行政权。到目前为止,我国都没有一部统一的现代慈善法,而仅有少数几个条例。很明显,条例是行政部门自身制定的,在规范行政权方面效力较差。故而,在没有统一的现代慈善法的情况下,要想有效地规范行政权,人们是无从指望的。这导致了慈善组织时时处于危险之中。

此外,由于缺少配套的现代慈善法,慈善行业的整体现代化也要打折扣。在既有管理体制与现时代脱节的情况下,人们很难想象慈善组织可以全面实现现代化。由此,在组织类型、募捐管理、关联交易、商业活动、年度审查、信息披露等方面出现了各种各样的问题,而这些问题其实都与体制本身的脱节相关。

所以,我国的慈善组织的主体地位确实处于一种准市场化的状态之中,离真正的主体地位的法律构建还有一定距离。对此,笔者认为我们应从如下几个方面来构建慈善组织的主体地位。

第一,明确慈善组织主体地位的法律基础。这就要求我们必须明确慈善定义,并确定组织本身的性质。

在慈善定义方面,我们应采用较为宽泛的定义,将一切可能作为慈善目标之范围都容纳进来。所以,在确定定义时,可以考虑采用美国的半开放的定义形式,即部分列举外加兜底规则。这样一来,慈善组织的目的就可以避免受到不必要的限制了。

在组织的法律性质方面,我国目前将组织确定为法人,但未确定其为何种法人,所以导致组织本身分类的混乱。所以,我们应明确组织的性质,并重新划定组织的分类。在分类时,应摒弃原来大陆法系的分类标准,而考虑单纯按照组织的功能差异来进行分类,以实现标准之统一。

第二,出台慈善法,规范行政管理。这就要求我们必须有一套完整的现代慈善法。我们应加紧推出一部统一的慈善法律,作为统领性的规则。这部慈善法之重点除了应包含慈善组织之管理规范以外，还应包括行政监管之确权规范，即在承认组织之主体地位的基础上，赋予行政部门以恰当的行政监管权。

七　结语

慈善组织主体地位之法律构建是保障慈善组织市场地位的必行之事，缺此不可。美国在19世纪晚期及时调整战略，扩大了私立慈善组织的主体地位，使其可以自由地开展慈善活动，最终促成了一个兴盛的非营利部门。

相比之下，我国虽为后起，却不可在慈善组织主体地位之法律构建上踟蹰太久。我国应及时跟进，吐故纳新，以为众多待发的慈善组织开辟一片广阔的蓝天。

参考文献

中文文献

〔德〕哈贝马斯（2003）：《在事实与规范之间：关于法律和民主法治国的商谈理论》，童世骏译，上海：三联书店。

〔美〕汉密尔顿等（1995）：《联邦党人文集》，北京：商务印书馆，第46~47页。

〔法〕托克维尔（1991）：《论美国的民主》（下），董国良译，北京：商务印书馆，第635页。

〔美〕卡耐基·安德鲁（2007）：《财富的福音》，《科学与财富》第5期。

刘柞昌（1980）：《略论托马斯·杰弗逊的民主思想》，《历史研究》第4期。

资中筠（2006）：《财富的归宿——美国现代公益基金会评述》，上海：上海人民出版社，第49~50页。

英文文献

Curran, L. W. (1951), "The Struggle for Equity Jurisdiction in Massachusetts", (31), *Boston University Law Review*.

Fuess, M. C. & Webster D. (1930), *Archon Books*, Vol. 1, p. 227.

Gales & Seaton (1826), *Sampson's Discourse*, *and correspondence with various learned jurists*, *upon the history of the law*: *with the addition of several essays*, *tracts*, *and documents*, *relating to the subject*, p. 57.

Gross, A. R. (2003), "Giving in American: From Charity to Philanthropy", in

Charity, Philanthropy and Civility in American History, eds. Lawrence J. Friedman & Mark D. Mcgarvie, Cambridge: Cambridge University Press, p. 42.

Hall, D. P. (2004), "Historical Perspectives on Nonprofit Organizations in the United States", in Herman Robert (ed.), The Jossey-Bass Handbook of Nonprofit Management and Leadership, San Francisco : Jossey-Bass Publishers, pp. 6 – 14.

Hall, D. P. (2006), "A historical Overview of Philanthropy, Voluntary Associations, and Nonprofit Organizations in the United State", in Powell W. W. & Steinberg R. (eds.), The Nonprofit Sector: A Research Handbook, City of New Haven: Yale University Press, p. 35.

Horwitz, J. M (1982), "The History of the Public/Private Distinction", (130), University of Pennsylvania Law Review.

Knaplund, S. K. (2009), "Can The 'Death Tax' Kill Charity Too? The Impact of Legislation on Charitable Bequests", ExpressO.

Lash, T. K. (1995), "The Second Adoption of the Establishment Clause: The Rise of the Nonestablishment Principle", (27), Arizona State Law Journal.

McCoy, R. D. (2002), "An 'Old-Fashioned' Nationalism: Lincoln, Jefferson, and the Classical Tradition", (23), Journal of the Abraham Lincoln Association.

McGarvie, D. M. (2003), "The Dartmouth College Case and the Legal Design of Civil Society", in Charity, Philanthropy and Civility in American History, eds. Lawrence J. Friedman & Mark D. Mcgarvie, Cambridge: Cambridge University Press, p. 104.

Miller, S. H. (1961), "The Legal Foundations of American Philanthropy", in Wisconsin Historical Society, pp. 12 – 48.

Patton, V. D. (2000), "The Queen, the Attorney General, and the Modern Charitable Fiduciary: A Historical Perspective on Charitable Enforcement Reform", (11), Journal of Law & Public Policy.

Powers S & Watkins E. J (1966), "The Enforcement of Charitable Trusts", (18), Syracuse Law Review.

Putnam, P. G. et al. (1893), The Writings of Thomas Jefferson, ed. Paul L. Ford, Vol. 12, p. 47.

S. F. D. & Jr. (1968), "The Enforcement of Charitable Trusts in America: A History of Evolving Social Attitudes", (54), Virginia Law Review.

Simon, G. J. (1995), "The regulation of American foundation: looking backward at the tax reform act of 1969", (6), Voluntas.

Stagg, C. A. J. (1976), "James Madison and the 'Malcontents': The Political Origins of the War of 1812", (33), William and Mary Quarterly.

Sullivan, J. (1969), "Opinion of the Attorney General of Massachusetts on the Life of the Corporation", in Handlin Oscar, Handlin F. Mary (eds.), Commonwealth: A Study of the Role of Government in the American Economy—Massachusetts, 1774 – 1861,

New York: Belknap Press.

　　Tilden, H. G. , et al. (1891), *Executors*, *Court of Appeals*, 2nd Division, 1891.

　　Tyler, G. L. (1884), *The Letters and Times of the Tylers*, *Whittet & Shepperson*, Vol. 1, p. 261.

　　Wicker, H. W. (1975), "Charitable Trust", (11), *Gonzaga Law Review*.

Legal Framework and Development of U. S. Private Charitable Organization's Legal Capacity

　　【Abstract】 since foundation of usa, Jeffersonianism spread all over the country and anti – elitist sentiment dominated the public and the government. Meanwhile, US Constitution delegated state governments the power to regulate and manage charities which adopted strict and restrictive measures to the private charitable organizations. The legal capacity of private charities was somehow impaired by the power of the states. The foundation for the legal capacity of charities in US was in fact laid down by the us Federal Court which extended the common law to the constitutional principles. With the changes of the times, the role of charities became more important, and the attitude of the states to the charities had changed gradually. Finally the modern charitable law was introduced in. It was an essential impetus to the development of charitable sector. However, the Chinese charitable sectors are still at the early stage of development and the legal capacity of charities still need effective protection. China should amend the relevant laws to strengthen the protection of the charities'legal capacity.

　　【Key Words】 Charities; Legal Status;Charitable Law

NP

美国私立慈善组织主体资格的法律构建与进路

（责任编辑：陈洪涛）

河北肃宁县"四个覆盖"[*]

——让解散的农民重新组织起来

郑若婷^{**}

【摘要】 面对农村社会的重重问题，肃宁县自 2008 年开始思考并探索从根本上解决农村问题的方法和路径。在结合对农村工作实践的思考和解决"三农"问题的有益经验基础上，肃宁县提出了让解散的农民重新组织起来的"四个覆盖"体系，通过基层党组织、基层民主组织、综治维稳组织和经合组织的建设将分散的农民纳入到各个组织体系中。

【关键词】 四个覆盖　农民组织　村民自治

一　背景："难闹村"的故事

肃宁县位于河北省沧州市最西端，东与河间市交界，北与高阳县接壤，西与蠡县为邻，南与饶阳县和献县毗连，地处京、津、石大三角和沧（沧州）、保（保定）、衡（衡水）小三角中心位置，总面积 525 平方公里，辖 6 镇 3 乡 253 个行政村，耕地面积 56.2 万亩，是华北地区重要的粮食、蔬菜、果品生产区。全县总人口 33 万，其中农村人口 29 万，是一个典型的农业县。

＊　本案例由清华大学公共管理学院案例中心，肃宁县委、县政府支持，在此谨表谢忱。

＊＊　郑若婷，清华大学公共管理学院 NGO 研究所硕士研究生。

农村一直是困扰肃宁县的重大问题，县城以北的南庙头村便是其中的典型。南庙头村仅 80 户人家，302 口人，但正是这样一个小村庄被称为肃宁县有名的"难闹村"。首先，"村两委"班子不健全，在 2010 年前的十多年中，南庙头村一直未曾将村民委员会和村党支部同时选举出来，村支书和村主任只选出一个的情形十分常见。其次，村里管理人员缺乏，管理能力不足。一方面，"村两委"班子不健全，限制了乡村治理的人数；另一方面，村中党员年龄结构不合理，以老年党员为主，村中共 10 名党员，有 6 名 60 岁以上，3 名 80 岁以上，党员作用难以发挥。再次，乡村公共场所缺乏，村务决策不透明，村民无法参与到决策过程中。最后，由于乡村治理主体缺失、村民自治组织不健全，村中事务无人管理，矛盾纠纷不断升级。据 2009 年肃宁县统计数据，全县 253 个村中，类似于南庙头村的还有 48 个，其中 12 个村党支部班子瘫痪，36 个村党支部班子软弱，无力承担村中大任。同时，农村信访案件为 359 件，其中包括农村干部作风及村务管理 126 件，土地纠纷 95 件，土地征占 31 件，民事纠纷 37 件。而农村的治安案件、刑事案件、社会矛盾纠纷和民事立案分别为 1956 件、1555 件、1002 件、1681 件。① 2008 年第 29 届奥运会在北京召开，作为北京的门户，河北省面临着强大的安保压力。为了减少信访量、维护稳定，河北省建立了各级干部"包乡、包村、包户、包人"的责任机制，大量人力、财力、物力的投入并没有收到较好效果，反而出现了人盯人、一个干部盯一个人、一帮人盯一个人、24 小时住百姓家中的局面，探索合理、有效的方法解决农村问题对于肃宁县领导班子来说已经刻不容缓。

肃宁县认为，当前我国改革已步入深水区，各种矛盾、问题接踵而至。农村矛盾多样性、复杂性和艰巨性导致"头痛医头、脚痛医脚"的做法已无法达到预期效果。他们认为，农村的经济发展不能仅依靠几个农业大户去带动，过去三十年证明了这种方式效果并不明显。同时，市场经济的发展对农村社会产生了较大冲击：一方面农民市场意识较为薄弱，对市场信息了解有限，市场波动导致农民损失重大；另一方面，农

---

① 数据来源于肃宁县提供的《肃宁县近三年有关信访情况对比》《农村治安稳定近三年有关情况对比》。

村生产经营分散，农民无法在市场经济中形成有效的议价主体，收入和生活水平仍较低。为了解决农村经济发展落后和农民收入不高的问题，国家曾多次出台相关政策，例如 20 世纪 90 年代的乡镇企业以及鼓励外来资本进入农业等措施，虽然起到了一定的作用，但却是用发展工业的方式来发展农业，并不适合农村的实际情况，因而效果有限。在村民自治制度建设方面，村民委员会和村党支部权力冲突未得到解决，党的领导和村民自治的关系错综复杂。另外，尽管目前我国已经基本实现了基层直选，但选举过程受到宗族势力等影响，民主选举并没有完全实现。除此之外，民主决策、民主管理和民主监督也未有效落实，村民自治演化成"村官自治"，变异为"半截子民主"。在农村社会发展方面，随着传统道德的衰落和信仰的缺失，农村社会治安问题已日趋严重。传统宗族关系的恶化也加剧了农村社会关系的紧张，再加上村民自治制度不完善、村干部腐败等问题，农村的矛盾和纠纷处于不断激化和升级状态。

由此，肃宁县认为改革开放既"解放"了农民也"解散"了农民，农村最为根本的问题在于农民的分散化。古代社会实行的保甲制度不仅集治安、防范、教育、互助等功能为一体，而且维持了封建社会数千年的稳定与发展。同时，在传统社会，维系农村社会的不仅有宗族宗法和传统道德，还有一批乡绅，他们是联系农村社会与国家的纽带，也是乡村治理的主要群体。因此，肃宁县认为解决农村社会最为根本的问题在于将农民组织起来，而将农民组织起来需要依靠乡村能人，要使能人发挥作用又必须依赖党组织建设，如此才能满足农民"求安、求富、求乐、求做主"的愿望，并维持农村社会的长久稳定和持续发展。

二 探索："四个覆盖"的提出

在厘清农村社会的根本问题后，肃宁县开始探索将农民组织起来的方式和方法。他们一方面从总结自身经验出发，提出解决农村社会问题的政策措施；另一方面借鉴外地有益经验，探索全方位地解决农村问题的方法。

（一）张庄村的综治维稳组织

肃宁县对于农村问题的探索源于维稳，也起于维稳。"四个覆盖"体系的提出，源于对该县梁村镇张庄村的经验总结和对保甲制度的借鉴。与南庙头村一样，张庄村是一个村情复杂、上下台干部矛盾严重的村庄，还曾是全县的上访大户。2000年，时任村主任兼县交通部门协管员的张春辉，为了做好县交通部门的农用车辆调查工作，将全村划为5～6个大片，并安排村里几个威望高的村民担任片区负责人，让他们入户了解、询问情况，做到了村不落户，效果非常好。2006年，张庄村创立了"十户联防、十户联保"机制，每十户村设立一个综治小组，每一个小组设一名民调员和保安员，并且联合村干部、村里的积极分子组成义务巡防队，负责村里的巡逻和治安状况。经过两年多的努力，张庄村没有出现县、乡上访事件，没有发生一起治安和刑事案件。

张庄村的"十户联防、十户联保"机制与保甲制类似，均是在对农村社会进行细分的基础上实现对农村的管理。然而与保甲制全方位功能不同的是，张庄村的联防机制限于治安防范和社会稳定。张庄村的做法与肃宁县委的想法不谋而合，其良好的政治绩效强化了肃宁县建立类似机制的想法。为此，肃宁县在此基础上提出了建立"3＋1"综治维稳组织。①

（二）青县和泊头的基层民主组织

张庄村的"十户联防、十户联保"机制为解决农村社会稳定和治安防范问题提供了有益借鉴。然而，农村干群矛盾，村务决策不公开、不透明等问题依然存在。为了缓和村干部与村民关系、保障村民利益，肃宁县开始了对农村基层民主建设的探索。他们关注到离肃宁县不远的青

---

① "3＋1"组织模式（综治工作站、综治工作小区、综治工作组和农村治安巡防队），即在村一级建综治工作站，设"一干两员"，专抓农村社会稳定和安全；在过去生产小队的基础上或居住片区的基础上，建综治小区，管40～60户农户；综治小区之下，每10户设综治小组，即每10户农民选一个威信高的人，来管理10户之间的事。同时还成立村民巡防队，让村民共同参与到调解矛盾，解决问题、维护治安、共建和谐工作中来，让老百姓自己管理自己的事。

县已经进行了积极探索。

2001 年，赵超英担任青县县委书记后，探索出了一条解决"村两委"矛盾的"青县模式"。通过建立村民代表会议制度，并且赋予村民代表会议（以下简称村代会）以议事、决策和监督等实质性权力，青县使村代会从原来的象征性机构变为村务决策和监督的实体组织，原有的村级组织架构也由二元（"村两委"）走向三元（"村两委"和村代会）。同时青县模式调整了农村的权力架构，将村委会变为执行机构，形成了党支部领导、村代会决策和村委会实施的农村治理机制。① 2009 年 10 月，泊头在青县模式的基础上提出了"三议一行一监督"的村务运行机制，即涉及村民切身利益的重要事项，需由村党组织提议、"村两委"商议、村代会决议、村委会执行，并接受村民监督委员会的监督。青县和泊头同处河北省，与肃宁县的地理环境、人文环境、风俗习惯相差不大，为肃宁县推行民主建设提供了有效的借鉴。因此，肃宁在总结青县和泊头经验的基础上提出了"基层民主组织全覆盖"。②

（三）"村两委 + 经济合作组织"

青县、泊头虽然为乡村治理提供了发展方向，但是如何解决农村经济发展问题、满足村民的"求富"愿望仍然是肃宁探索的重点。肃宁县认为关键在于建立农业、农民和市场之间的媒介和桥梁，从肃宁实践经验来看，经济合作组织能充当这一媒介。

2003 年，肃宁县的经济合作组织已成雏形，当时有合作社 6 家，其中，万里镇西辛庄村的"绿苑蔬菜经济合作社"最具代表性。该组织于 2000 年由村党支部书记王玉怀牵头，率"两委"班子成员，吸收部

---

① 翁鸣：《青县模式：一种我国村庄治理的创新机制》，中国社会科学网，http://www.cssn.cn/news/439656.htm。

② 即在"村两委"基础上，建立健全村代会和村监会两个民主组织。各村每 5～15 户推选一名村民代表，由村民代表和村委会成员组成"村民代表会议"，作为村中常设性专门议事决策机构。选举成立"村民监督委员会"，负责监督村务执行。对村级重大事务，实行村党支部提议、村两委商议、村代会决议、村委会执行和村监会监督的"三议一行一监督"机制。

分菜农成立。合作社的建立不仅解决了百姓分散经营乱的问题，还解决了蔬菜销售难、增产不增收的难题。2004 年，肃宁提出并在全县推广"村两委 + 经济合作组织"机制，兴起了由"村两委"干部带领村民们创办不同类型的经济合作组织的浪潮。2005 年，在学习考察四川乐山市的"支部 + 协会"①和吉林桦甸市的经济合作社运行情况基础上，肃宁县将农工部、农业局、公安局、交通局等 18 个涉农部门联合起来，建立起党政部门与经济合作组织联合会的双层领导机制，进一步加强了"村两委 + 经济合作组织"模式。2007 年《中华人民共和国农民专业合作社法》的颁布，解决了经济合作社的合法性问题，激发了农民创办专业合作社的热情。截至 2007 年底，肃宁县合作组织的总数达到 106 家，范围拓展到皮毛、纺织、印刷、蔬菜及林果等产业，会员人均增收 3000 ~ 5000 元。② 从实践来看，经济合作组织不仅能解决农民经济分散的问题，将农民从经济事务中重新组织起来，而且能满足农民致富的愿望。因此肃宁县提出以"经济合作组织全覆盖"为依托的农村经济发展措施。③

（四）党组织建设

综治维稳组织、基层民主组织和经合组织的发展解决了农民在社会生活、政治生活和经济生活上的分散问题，但是谁能把农民组织起来？肃宁县认为，唯有党能将农民组织起来。这不但能加强党的执政基础，还能发挥党员的积极作用，提升党的执政能力。因此，党组织建设尤为

---

① "支部 + 协会"即在农村党组织领导下，以专业协会为载体，以农户为基础，以产业为依托，以富民为目的，通过支部抓协会、协会带农户，共同促发展的一种新的组织形式和工作机制。详见人民网《"支部 + 协会"带来的活力——来自四川犍为县农村基层党建一线的调查报告》，http：//www. people. com. cn/GB/shizheng/ 2444056. html。
② 肃宁县农工部提供。
③ "经济合作组织全覆盖"，即按照"民办、民管、民受益"的原则，针对农民的合作需求，采取能人大户领办、村组农户联合、院校基地合作、龙头企业带动、流通市场链接等方式，因地制宜、不拘一格地培育各类经合组织，把各种协会、专业化服务组织和农业产业化组织建立健全起来，逐步把所有农民都纳入各种农业产业化服务组织、专业化服务组织当中，为农民提供产前、产中、产后一条龙服务。

重要。近年，肃宁县在发展党员、党员管理、党员教育等党组织建设问题上进行了许多探索。2006 年，肃宁县提出发展"六类人"① 来解决农村党员老龄化、党员发展宗族化等严重问题。2008 年后，肃宁县大力推动农村党员活动室、村支部办公室两室建设，并提出要把村两室建立成村标志性建筑。2009 年，肃宁提出党员队伍"正气、清气、锐气"的三气建设和"亮点干部"建设，以纯化党员队伍、提高党员积极性。同时，肃宁开展了多项党员培训活动，促进党员队伍整体素质的提高。在总结这几年的党基层组织建设经验的基础上，肃宁县提出了"党组织全覆盖"。②

至此，由基层党组织全覆盖、基层民主组织全覆盖、经济合作组织全覆盖和综治维稳组织全覆盖组成的"四个覆盖"体系得以形成。在四个组织的关系上，肃宁县提出"以基层党组织为核心，以村代会为平台，以农村经合组织和维稳组织为骨架，以服务群众和协调整合农村各方利益为职能，促进基层党组织、民主组织、经合组织和维稳组织全覆盖"的思路。由此，在制度设计上通过党员发展将四个组织紧密联系起来，保证党对各个组织的领导和核心作用；通过村代会等平台的建立，构建村民政治参与的渠道，实现村民自治；同时以农村经合组织和维稳组织确保农村发展所必需的经济和社会条件。由此可见，四个覆盖并不是四个独立而分散的组织，它是建立在经验总结和外在经验借鉴的基础上，以乡村能人为纽带，将党的领导贯穿于农村社会、经济和政治组织中，是以政府为主导的自上而下的推动过程。

---

① 即威信高、能力强的村委会主任及成员；农村致富带头人、经济合作组织领路人；集中代表农村先进生产力发展方向的新兴阶层、私企老板；经济合作组织和私营企业中的中层干部及技术骨干；踏实上进的退伍军人和有文化有抱负的高中以上毕业生；热心公益事业的好心人、大众健康文化的传播者、群众自治组织的负责人。

② 即按照"群众走到哪里，党的组织就要跟到哪里；党员走到哪里，党的组织就建到哪里"的原则，把党支部和党小组建到各种经济组织、产业链条当中去，建到综治维稳组织和基层民主组织当中去，建到园区、社区当中去，把所有党员都纳入组织体系中去，让其带领群众一起抓稳定、闯市场、搞生产，努力实现党建工作与具体工作的有机结合、同步推进，把党的政治优势、组织优势转化为管理优势、服务优势。

三 推行与实施效果

2010 年 5 月 10 日，肃宁县召开了全县农村社会管理"四个覆盖"推进会议，即动员大会。由于"四个覆盖"大部分内容是在实践经验中总结而得，因此在动员大会召开之前，肃宁县并未进行集中专门的试点。

（一）建立领导机制

由于农村问题的解决涉及党、农民政治、经济和社会生活的方方面面，"四个覆盖"与县委县政府多个部门密切相关，因此实施"四个覆盖"需要解决的第一个问题便是如何实现多部门之间的协调联动。2010 年 7 月，肃宁成立了以县委副书记为组长，吸收县委办、组织部、政法委、纪检委、农工部等部门分管常委组成的领导小组，建立了"四个覆盖"领导机制。同时领导小组下设综合协调办公室，全面负责"四个覆盖"工作的综合协调和落实工作。① 在部门分工上，组织部分管民主组织和党组织建设，政法委分管综治维稳组织，农工部分管经济合作组织。领导小组和"四个覆盖"办公室的建立一方面为"四个覆盖"的实施提供了领导机制，保障了四个覆盖实施的整体效果；另一方面建立了各部门间的联动平台，加强了各主管部门之间的沟通与协调。

为了更好地推行"四个覆盖"，肃宁县在全县范围内分战线、分层次、多批次开展不同方式、不同规模和不同内容的教育培训活动，以乡村两级干部培训为重点，并编写《肃宁"四个覆盖"百事通》《肃宁县"四个覆盖"操作实务》等书籍，为乡村两级干部提供实际操作指导。自2010 年至 2012 年 11 月，肃宁县共培训乡镇干部 874 名，"两委"班子15000 余人次。同时，肃宁县采取县级领导包乡镇，县直部门包村，千

---

① 2011 年 9 月，为了推动"四个覆盖"深入全面有效地开展，肃宁县将领导小组调整为以县委书记为组长，拓展了领导小组和综合协调办公室，并新增综合接待办公室，负责各级接待工作。2012 年为了与中央综治委的更名相衔接，"四个覆盖"领导小组及办公室更名为"社会管理办公室"，形成了以县委书记为核心、17 个部门成员联合推动的领导机制。

名干部下基层等措施，让所有县级干部和 85 个科局都下乡驻村，实施对口帮扶，解决"四个覆盖"实际推行问题，指导"四个覆盖"工作的展开。

（二）基层党组织全覆盖

在基层党组织建设方面，各村一方面积极发展党员，将乡村能人、骨干纳入党组织中，扩大党的执政基础；另一方面在各类组织中建立党支部和党小组等党的基层组织。截至 2011 年底，肃宁县农村新建各类党总支 10 个，党支部 18 个，党小组 1641 个，新发展党员 216 名，其中各类组织的骨干人员就占到了 95%。同时，肃宁县建立党员责任区、对党员定岗定责，使无职党员通过政策宣传等多个岗位发挥作用，并通过党员家庭挂牌的方式提升党员的责任意识和荣誉感。党组织的建设逐步改变了肃宁县基层党组织弱化和虚化的局面，党员的作用得以体现和发挥。然而，党员家庭挂牌的制度，尽管提高了党员本身的自豪感和荣誉感，却在一定程度上强化了党员和非党员的区别。

为了解决党员发展中的朋党化和家族化倾向，2012 年肃宁县提出了党员发展"关口前移"的措施，即对提交入党申请书的人，须由村党支部和村民代表进行民主推荐方可成为入党积极分子。这一措施在提出初期便遭到了部分政府官员的反对，他们认为发展党员是党自身的事情，让非党员参与不合理。事实上，"关口前移"并非让党员管理党的事务，而是通过群众参与建立群众的监督机制，杜绝党员发展过程中的家族化、朋党化等现象，正因为如此，提出反对的官员逐步认同和支持这一措施，使得党组织建设得以进一步推行。"关口前移"不仅让群众参与到党员发展中，也提高了群众对基层党组织的支持和信任。随着"四个覆盖"的推进，肃宁县开始探索如何在新经济组织和新社会组织中建立党组织以及推动党员的管理。①

---

① 目前肃宁主要采取双重管理的措施允许党员在不同的组织之间参加党的活动，并且报组织部门备案。

（三）基层民主组织全覆盖

在基层民主组织建设方面，肃宁县各村按照每10～15户选举村民代表和村民监督委员会，搭建起"三议一行一监督"平台。基层民主组织的建设弱化了村民委员会的权力和职能，触动了乡村原有利益格局，因此，"四个覆盖"在推行初期并未得到所有村庄的认可和接受，部分村庄通过指定而非选举的方式产生出综治小区长、小组长、村民代表和村民监督委员会成员。肃宁县委县政府通过挨村调查和纠正，基本实现了全县253个村选举产生村民代表等群体。政府的强力推动保障了"四个覆盖"的推行与落实，也提高了村民对乡镇干部和村干部的重视程度，为后续工作的开展创造了有利条件。为了保障村民监督委员会的独立性和专业性，肃宁县在领导机制上将组织部的分管职责转移到县纪委。通过基层民主组织的建设，肃宁县解决了多年的"村两委""两张皮"问题，为村民参与村中事务提供了制度性渠道。此外，村民代表、村民监督委员会的设立对"村两委"进行制衡，有效解决了村干部经济违纪、侵占农民利益等问题。此外，村民代表等群体的产生构成了乡村社会中的中间层，在村干部和普通村民间建立了沟通的桥梁和纽带，有效缓解了干群矛盾，也为村民提供了表达利益诉求的渠道。"四个覆盖"推行的一年间，肃宁县大部分村庄通过"三议一行一监督"的机制解决了困扰各村长达十多年的修路、吃水等关系到村民切身利益的问题，村民逐渐接受和认可了"四个覆盖"，这为"四个覆盖"的深入推行奠定了基础。

当然，肃宁县基层民主组织建设仍有很多需要改善的方面：首先，"村两委"、村民代表会议和村监会尽管形成了决策－执行－监督的分立，但四者并未处于同等地位。在"村两委"干部看来，村民代表和村监会成员更多是他们的"腿"，"村两委"是处于其他机构之上的组织，这在一定程度上限制了这些机构的作用发挥。其次，民主决策的程序和方式并不完善，在村务决策中往往以举手方式进行，导致了决策的科学性不足。再次，肃宁县尽管规定了村代会主席、村委会主任和村监会不得兼任，但是其他岗位并无类似规定，因此在乡村中，一人兼任多职的现象普遍存在，一定程度上限制了其他村民的参与，削弱了四个机构之间的制衡与约束，使身兼多职者易陷入角色冲突中。

（四）经济合作组织全覆盖

在经济合作组织建设方面，由于拥有良好的基础和宏观政策环境，经济合作组织在肃宁迅速兴起。通过采取统一采购化肥、种子等生产资料、统一销售农产品方式，经济合作组织降低了农民的生产成本，改变了其在市场经济中的分散局面。然而与其他组织建设不同的是，经合组织的发展需要结合市场经济发展规律。因此，肃宁县采取了"先发展后规范、边发展边规范"、循序渐进的策略推动经济合作组织全覆盖。同时，经合组织的发展面临着土地流转和资金缺乏两大问题。尽管我国已经颁布了《农村土地承包经营权流转管理办法》，肃宁县鼓励农民加入合作社，以互换、以地作股、出租等方式促进经合组织的建立与发展，但土地流转并未在肃宁县得到全面实行，这在一定程度上限制了经合组织的发展。在资金方面，目前肃宁县经合组织的主要资金来源于成员出资、合作社盈余中提取的公积金、国家扶持资金、他人捐赠资金以及对外举债等，资金缺乏也成为经合组织发展的重要障碍。为了避免伴随外来资本进入的农民利益受损，肃宁县探索以银（银行）社（经济合作社/经济合作组织）对接的方式弥补经合组织资金不足。然而由于农村金融体系并不健全，这一措施取得的效果有限。

为了推动经合组织的发展，肃宁县还采取了以下措施：首先，开展了大范围的宣传与培训。肃宁县在电视台和《肃宁周报》等媒体上开辟专栏进行宣传，采取参观学习与现身说法等形式，对涉农部门和镇村干部、农民专业合作组织和产业化龙头企业负责人、农业生产经营大户等开展宣传和培训，并形成了县、乡、村三级培训模式。其次，在财务支持上，自 2010 年开始肃宁县乡两级财政支持农民合作经济组织发展资金达 2000 多万元。再次，在制度保障和配套措施上，肃宁县制定了经合组织发展的奖励和考核办法，以促进经合组织的规范化发展，并建立了专门的农民合作经济组织服务中心，为经合组织的发展提供服务与支撑。

　　截至 2012 年 10 月，肃宁县已有 6 万农户、20 多万农民自主联合成立了 403 家经济合作组织，其中 12 家合作社实现了与大中城市的"农超对接"，26 家实现了合作社与龙头企业直接对接，先后有 74 个产品获得了无公害认证、4 个产品获得有机食品认证，自创品牌 12 个，全县农业产业化率达到 79.1%，居沧州市首位。2011 年全县农民人均纯收入达 6585 元，同比增长 15%，入社农户人均收入达 8050 元，比不入社农户增收 1465 元，增长 22%。一些合作社还发展出慈善互助组织、爱心协会，为孤寡社员以及家庭困难社员提供帮助。

（五）综治维稳组织全覆盖

　　在综治维稳组织方面，各村建立了专职巡防队，肃宁县委政法委先后出台了《关于推行"3 + 1"综治维稳组织建设的实施意见》等文件，指导和促进综治维稳组织建设。2010 年 8 月，针对"村两委"干部、小区长、小组长法律知识比较欠缺、素质参差不齐、工作方法简单的情况，县委政法委开展如何协调处理矛盾、法制宣传、人员管理等方面培训。同时为了更好地维护村里治安，肃宁县给每个村都配备了电子化的防控设备，搭建起农村"安全网"。然而由于无报酬、任务量大等原因，专职巡逻队的队员们积极性不高。2011 年 5 月，肃宁县推行义务巡逻，以区为基础，每家每户出一人，每三户轮流出一人组成义务巡防队，负责日常巡逻，专职巡逻队则负责村里的突发事件和重大事件的执勤，解决了专职巡逻队积极性不高、任务量大的问题，而且得到了大多数百姓的支持和认可。

　　2012 年邵庄乡开创的"警民联防"模式被县政法委采纳并在全县推广，建立起公安系统与综治维稳组织相衔接的机制。同时，肃宁县对综治维稳组织的职能进行拓展，将法制宣传、外来人口管理、预防青少年违法犯罪、刑释解教人员安置帮教以及生产安全、公共安全等信息收集、计划生育、农村低保户五保户筛选、村容村貌整治和社保、医疗、文化娱乐等社会工作服务也纳入综治维稳组织中，使其成为综合性的社会服务组织。截至 2012 年，肃宁全县已经搭建起以综治维稳组织为平台的社会管理和社会服务体系，建立了村级综治工作站 255 个、综治小区 1479 个、综治工作小组 5578 个，并且聘任村级"一干两员"759 人、专业巡防队员 1739 人，农村的矛盾纠纷和治安问题得到极大的改善。2012 年，肃宁县农村信访量同比下降 75% 以上，全县 253 个村中 220 个没有发生信访问题，9 个乡镇有 7 个乡镇没有发生一起到县集体访的情况，2011 年以来，全县农村治安发案率同比下降 30%。

（六）公共服务对接与乡村文化建设

为了更好地推动"四个覆盖"的发展，肃宁县开始探索县政府部门、事业单位与"四个覆盖"的对接。2011 年 8 月 12 日，肃宁县召开全县千名干部下基层和村容村貌集中整治暨农村文化建设动员大会，建立县政府部门和"四个覆盖"对接机制，并从转变理念和思路出发，从管理农民向服务农民转变，让群众自己管理自己。县统计局结合"四个覆盖"体系，在各村委会建了统计室，并以村委会会计为兼职统计员，全权负责村内统计调查工作，同时制定《村级统计工作制度》以规范村级统计事务。9 月，县档案局依托"四个覆盖"体系，健全农村档案管理，将农村建设、管理过程中形成的具有保存价值的各种文字、声像、图表、实物等历史记录均建立档案。县人口计生局、计生协会探索出了一条依靠小区长、小组长和村民代表等"农村能人"共治共管的基层群众计生自治新模式，有效地解决了计划生育中偷报瞒报、群众不配合的现象，且在 2011 年被国家计生委评为"全国计划生育优质服务先进单位"，被省计生委评为"人口计生基层群众自治示范县"。县环保局也依托"四个覆盖"开展了村容村貌治理和农村环境治理，实现了农村垃圾户分类、村收集、乡转运、县处理的方式，解决了农村脏乱差的问题。交通局依托"四个覆盖"打造农村交通网络体系等等。在乡村文化建设方面，肃宁县基本实现了村村有文化活动室的目标，传统文化艺术如大鼓、武术、吹糖人、快板与现代艺术在农村迅速发展起来。随着"四个覆盖"的推行，大量的社会服务进入农村，农村社会服务体系逐渐成形。

四　未来展望

通过"四个覆盖"的建设，肃宁县实现了农村经济、基层民主和社会生活等方面的突破与发展。据统计，肃宁县财政收入由 2007 年的 4.1 亿元，达到 2011 年的 13 亿元，4 年增长了 2 倍多。长期累积的农村问题诸如"村两委"权力冲突、乡村社会治安恶化、矛盾纠纷升级等问题得到有效解决，农民收入得到提升，生活水平持续提高，农村精神文化建设也迅速开展。随着县政府涉农部门的介入，肃宁县农村公共服务体系也逐步形成。肃宁的成绩受到了河北省与中央政府的认可，2011 年，时任国家副主席的习近平同志曾对肃宁县"四个覆盖"经验做法做出重要批示："把分散的农民重新组织起来，是加强农村社会管理、推进农村发展的现实需要。肃宁县'四个覆盖'效果不错，值得总结推广。"河北省省委书记张庆黎也对"四个覆盖"给予了高度的评价和认可，并且在全省范围内推广肃宁"四个覆盖"。"四个覆盖"为解决农村问题提供了一套整体解决方案，与我国农村社会发展的方向较为吻合，为我国乡村治理提供了宝贵的实践经验。

为了促进肃宁的全面进步，肃宁计划在未来五年时间，分三步对"四个覆盖"进行完善和提升。第一，继续深化"四个覆盖"。在党组织建设方面，在农村建设一支"一好双强"（政治素质好，领富能力强，协调本领强）的农村干部队伍，促进党员的双向培育和双向转化。依托维稳组织建立农村的信息安全网络、社会舆情网络、流动人口和特殊人群服务网络、矛盾化解机制和法制宣传平台。同时，依托经济合作组织，发展肃宁县特色高效农业，优化农业产业规划布局，强化市场建设，推进土地流转和土地规模化经营以及健全服务网络体系，使农村经济跨入新的平台。第二，依托"四个覆盖"建设，统筹城乡各项事业发展。继续推进农村精神文化建设和环境治理，并向涉农工作拓展，加强农村路网建设、水利基础设施建设和电网升级改造，加大农村基础教育投入、完善农村公共卫生体系、关注农村人力资源发展、完善农村社会保障体系等涉农服务，全面提升农村的公共服务水平。第三，将"四个

覆盖"向城市社区拓展，积极培育发展新社会组织，促进城市市民的自
我治理。

"Four Covers Policy" in Su'ning County, Hebei Province

—To Make the Loose Farmers Reorganized

【**Abstract**】Su'ning county began to consider and explore the way to solve the rural social problems fundamentally in 2008. By taking advantages of the thoughts on the practical work in rural area and the useful experience in solving "Three Rural Issues", Su'ning county adopted the "Four Covers" system to re-organize the loose farmers through the community-level party organizations, democracy organizations, comprehensive management and maintaining social stability offices and economic cooperation organization.

【**Key Words**】Four Covers; Farmer Organization; Villagers Autonomy

（责任编辑：李长文）

非营利组织立法的现实进路与问题

——兼评《中国非营利组织法专家建议稿》

马长山[*]

改革开放以来，不仅中国的政治、经济、文化领域发生了翻天覆地的变化，社会结构也出现了前所未有的格局重组。特别是民间社会组织获得了迅速崛起，并成为新时期推进国家建设的重要力量和促进社会发展的生力军。与此相应，国家管理机关的制度设计和学术界的理论探讨也随即展开，很多高校和科研院所都设立了相应的专门研究机构。其中，北京大学公民社会研究中心和非营利组织法研究中心、清华大学 NGO 研究所已成为国内该领域研究的"旗舰"，但清华大学 NGO 研究所侧重于非营利组织的结构功能、公民社会建设和社会管理转型的探索，而北京大学非营利组织法研究中心则更注重于非营利组织立法、制度改革和管理框架的设计。最近，该中心出炉的《中国非营利组织法专家意见稿》（以下简称《专家意见稿》）①，就是其中的一个重大成果，并引起了管理部门和学界的关注。纵观这部民间版的非营利组织立法，我们不难看出它的一些目标取向、制度路径和现实问题，而这些无疑与当下中国的非营利组织制度建设与法治环境密切相关。

---

* 马长山（1964～　），华东政法大学教授，博士生导师，主要从事法理学、法社会学研究。

① 陈金罗、金锦萍、刘培峰等：《中国非营利组织法专家建议稿》，社会科学文献出版社，2013。

一　统一规制、"柔性"立法的进路

从 20 世纪 90 年代起，国家就力图在《基金会管理办法》《社会团体登记管理条例》等单行法规则的基础上，制定统一的结社立法，① 但由于多种因素的影响，至今仍没有纳入国家正式的立法规划。从 90 年代后期开始，民间研究机构不断涌现，民间组织立法的民间呼求和努力日渐提高，但究竟采取什么样的立法主旨、立法模式、规范体系、制度框架设计等等，则一直存有争论。

在关于分散立法还是统一立法的争论中，除了立法成本、渐进规制、灵活多元等方面的考量因素外，更主要的还是"政治敏感性"问题。而这一问题又与出台一部什么样的法律密切相关。到底要出台一部《结社法》还是一部《社会团体法》（《民间组织法》《非营利组织法》）？这并不仅仅是一种名称的差别，而且是一种立法主旨和取向的不同选择。在我的记忆中，早在 20 世纪 90 年代对相关民间组织法案起草的思路上，就有《结社法》《社会团体法》《民间组织法》等不同意见和看法，但那时主要还是国家管理部门在推进，而民间研究较少、民间呼吁推进也较少，争论不大。就立法本身而言，《结社法》思路凸显的是宪法上公民结社自由权利的保障和维护，包括对政治结社、政治参与的规制与设计，这明显带有某些"公法"的味道；而《社会团体法》（《民间组织法》）思路则更侧重于民间社会组织的设立、组织、活动和日常管理，凸显的是"民间性"和"非政治性"，它更主要的是一种"私法"属性。由于《结社法》必然会涉及很多"敏感"问题，而且与政治体制改革会发生某些勾连，因此，《社会团体法》（《民间组织法》）要比《结社法》更加务实、更加便捷，也更符合中国国情。此后，这种思路就成为各种结社立法讨论的主导倾向。

很明显，刚刚出炉的《专家建议稿》无疑也采取了后一种设计，同时又是一种统一立法、统一规制的进路。也即一方面它通过"私法化"

---

① 时任民政部社团管理司副司长陈金罗曾就社团管理立法提出过基本思路和方案，并在全国多地进行调研和召开讨论会。

的立法处理，绕开了"敏感"地带，避免了政治体制改革可能产生的"纠缠"，可以加快民间组织立法的进程；而另一方面，又以统一立法形式，来彰显并确认民间组织的合法性、降低立法和执法成本，进而力图将"政治问题"转化为一种"技术问题"，从而"开启一条由治道变革推动政道变革的路径"，[①] 这不能不说是一种智慧而务实的选择。从世界范围来看，除德国、土耳其等少数国家颁布了《结社法》外，大多数国家也都是采取《社会团体法》（或《民间组织法》）的形式，至于政治结社则是通过政党法、行政法等来另行规制。

然而，这种"私法化""技术化"的处理，也未必真的就能够绕开"敏感"地带，姑且不说政党那么重大的问题，就是像共青团、妇联、工会等具有相当级别和政治功能的社会组织，是否能够纳入《专家建议稿》的规制之内？如果能，那么它们是否能够按照《专家建议稿》所设定的治理机制来运行？如果不能，那又该有什么样的规制方法或者衔接性的制度设计？这些问题可能都难以回避，即便是《专家建议稿》被国家完全采纳，在法律实施过程中也需要予以面对。但不管怎么说，《专家建议稿》所采取的"私法化""技术化"处理，毕竟是一种"柔性"立法的进路，有助于摆脱现有政治体制改革滞后的束缚、积极推进民间组织立法，从而形成以"治道变革"来推进"政道变革"的智慧策略，这种进路无疑是值得肯定和赞赏的。

二 立足"组织"、注重"治理"的规制框架

出台一部"组织法"还是一部"行为法"？这是设计民间组织立法所规制的对象范围和尺度问题，对此也有不同的看法。"组织法"模式侧重于非营利组织的界定、设立、变更、解散以及非营利组织的法律地位、组织结构、治理机制等，它只涉及以非营利组织为主体的非营利性行为；而"行为法"模式，则更侧重于非营利的活动或行为，主要涉及非营利行为的界定及种类、非营利主体、合法与非法的界限、行为的方式和法

[①] 陈金罗、金锦萍、刘培峰等：《中国非营利组织法专家建议稿》，社会科学文献出版社，2013，第64页。

律责任，它指向的是非营利行为而不是非营利组织，因而调整范围更广泛、更具包容性，也更能体现现代治理理念和法治精神。因此，有学者建议采取"行为法"模式进行立法。① 但这种甚至将个人的非营利活动都囊括其中的"行为法"似乎并不可行，它不仅超出了民间组织立法的范围和属性，也难以实现其有效的规制效果。

《专家建议稿》立足于当下中国的民间组织发展现状，采取了"组织法"的立法模式，对非营利组织的设立、组织机构、变更和终止、财产财务和审计、外国分支机构、监管和法律责任等等，进行了具体的制度设计和规定，这要比"行为法"更为客观和妥当。与此同时，《专家建议稿》又从"社会管理应当实现由组织管理向行为管理的转变"这一当代治理观念出发，② 通过对非营利组织的公共生活参与和社会责任、政府支持、"行为主义"的政府监管，以及非营利组织的内部治理结构（共 57个条款）、变更和终止（55 个条款）、财产财务和审计（11 个条款）、法律责任（15 个条款）等等的精心设计，来对非营利组织的行为属性、模式、范围和责任进行制度设定，这样就兼具了"行为法"的立场，从而使得《专家建议稿》的规制框架既符合社会实际又富有涵摄性，体现了从"统治"走向"治理"的立法理念，彰显了现代法治精神。

当然，这种"行为主义"的规制和治理机制，还只是一个整体的框架，尤其在公民社会发育还不成熟、缺少民间治理经验和传统的现阶段，如果在非营利组织活动和发展中切实而有效地运行，变成非营利组织的一种存在状态和日常机制，可能还需要一些配套建设（如相关实施细则、政社分开的改革举措等等），才能实现其应有的立法目标和取得应有的法律效果。

三　"放控"兼顾、"促管"平衡的内在精神

纵观国外的结社立法，在立法指导思想和定位上，有"预防制"与

---

① 刘太刚：《我国非营利组织基本法的立法模式探讨》，《江苏行政学院学报》2011 年第 2 期。
② 陈金罗、金锦萍、刘培峰等：《中国非营利组织法专家建议稿》，社会科学文献出版社，2013，第 57 页。

"追惩制"之分、"管理法"与"促进法"之别。也就是说，各国在立法时，有的是采取管理本位的立法模式，有的是采取保障本位的立法模式，而有的则是采取均衡模式，不同的立法模式反映了不同的规制导向和目标追求。

经过 30 多年的快速发展，中国的民间社会组织数量已经非常庞大，在社会中的作用和功能也日益重要，但是，我国的相关立法和管理体制却明显滞后，总体上仍处于一种重管理轻自主、重控制轻治理、重秩序轻自由的状态。正是基于对这种现实的客观审视和制度创新诉求，《专家建议稿》力图通过新的立法来保护公民的结社自由、保障非营利组织的活动空间和合法权益，为此，《专家建议稿》第一条就开宗明义地写道："为保障公民结社自由和财产权利，保护非营利组织的合法权益，规范非营利组织的行为，促进社会公益事业的发展，根据宪法，制定本法。"而在规则框架和具体条款的设计中，《专家建议稿》也贯彻了"自由设立主义"的立法精神，包括以"登记管理机关的专门管理体制"取代现有的"双重管理体制"、自主进行法人登记、自主进行公益认证、非法人社团自主选择备案、内部的自主治理机制（如取消了重大事务的报告和审批）等等，并降低了非营利组织在人员、财产等方面的准入门槛，这就体现了放开国家管制、促进民间组织发展的主旨。此外，《专家建议稿》第六条还规定，"政府鼓励和支持非营利组织参与公共事业、反映群众诉求、提供公共服务，增强社会自治"。第七条又设定了税收优惠、财政补贴、参与政府采购等相应的政府支持的政策措施，这无疑是旨在促进非营利组织对公共生活的参与、发挥其应有功能的制度设计。

另一方面，《专家建议稿》也考虑到中国社会转型期的变革压力、体制包容性，以及非营利组织自身的"游离性"，通过对登记管理机关的质询权、调查权、不法行为的处分权、组织机构不健全的处分权、提供公益诉讼的权利等等的设定，构建了注重行为治理的新型监管制度；通过设定非营利组织内部治理机制、信息公开和披露机制等等，构建了非营利组织的规范运作的制度框架，从而体现了强化监督管理、促进非营利组织健康发展、维护社会秩序的立法理念。

由此看来，《专家建议稿》贯彻的是一种平衡精神，也即一方面要立足宪法来保障公民结社自由权、放开政府管制、加大政府支持、推进社会自治，体现了"放"的取向；另一方面又要依照规则和程序来对非营利组织进行必要的法律控制和行为管理，体现了"控"的要求。一方面通过立法来实现对非营利组织参与公共生活、发挥治理功能的促进作用，是一部"促进法"；另一方面又要通过立法对非营利组织的行为进行必要的规制和管理，以维护社会秩序和保证非营利组织的健康规范发展，这又是一部"管理法"。这样，就体现了"放控"兼顾、"促管"平衡的立法精神，是一种渐进主义的立法进路，因而在"一定程度上可以实现结社自由与社会秩序、多元社会与政党的一元化领导之间的平衡"，同时也能够"使社团登记由许可主义转向自由设立主义、政府的社会管理由控制主义转向引导主义，实现了社会管理价值观上的革命"。①

不过，《专家建议稿》的"放"与"控"、"促"与"管"都不只是一个条文或者规则框架的问题，而是涉及政治体制改革、法律体系衔接、政府管理职能及管理方式转换、民间组织自治能力和水平等诸多要素和社会整体环境，如果仅仅是"非营利组织法"的"单兵突进"，可能未必会产生预期的规制目的和效果。当然，《专家建议稿》在把握非营利组织那种越来越趋于开放和民主的制度构架、越来越趋于权利和自由的保障方向上，还是比较准确和恰当的。

四　理想前面的沟坎

从《专家建议稿》的指导思想、框架结构、制度设计来看，体现了两个重要的核心理念：一是保障，即保障结社自由和非营利组织的各种权益；二是规范，即规范非营利组织的活动和发展、规范政府的监管活动和机制，从而规划了一个理想的蓝图。应当说，这幅蓝图浸润着北京大学非营利组织法研究中心长达 10 余年的辛勤探索、求实创新精神和公益境界，也反映出这支优秀团队对中国民间组织发展事业的浓重情怀、历史使命感和现实责任感，体现了中国非营利组织立法的发展趋势与方向，

---

① 陈金罗、金锦萍、刘培峰等：《中国非营利组织法专家建议稿》，社会科学文献出版社，2013，第 56、57 页。

因而无疑会对推动当下中国民间组织的制度创新和公益实践具有重要的意义和价值。然而在中国，理想与现实毕竟是有差距的，而且由于承载着太多的传统、文化、体制等因素，甚至还会形成理想蓝图和制度设计进入生活实践进程中的某些"沟坎"，这就需要予以认真考量和面对。

其一，关于国家机关监管能力建设。《专家建议稿》采取的"放控"兼顾、"促管"平衡的立法精神，无疑是一种务实的立法进路。但这种平衡的关键则是国家登记监督管理机关的监管能力。我们知道，在分级登记、双重管理体制设立之初，就不仅有加强防控之意，也有民政部门无力全面监管的因素。按照《专家建议稿》的"自由设立主义"精神和原则，取消了业务主管部门，只由登记管理机关进行登记管理和日常监管，同时又采取了"行为主义""自主治理"化的规制框架，那么，其监管范围、监管方式、监管能力、监管水平、监管手段、监管责任等等就都会发生重大变化，需要进行体制机制的相应调整、提升和强化。如《专家建议稿》中设定的"没收财产""没收非法所得""行政罚款"等等监管处罚权力，在运行时可能就会涉及查封、扣押、冻结，甚至强制拍卖等具体的行政强制权力与措施，而目前登记管理机关似乎还缺少采取这些强制措施的条件（包括队伍、制度、机制、设施等）；另外，《专家建议稿》中设定的公民举报、审计、信息公开等监督监管制度，对登记管理机关而言都是"软性"的、"间接"的，而审核登记、年检、抽检和实地检查等"传统"的、"直接"的监管职权，如何通过细化制度、完善机制和法治理念来适应"自由设立主义"可能形成的监管局面，可能也并不是一个很简单的问题。也就是说，"放"下去是一种趋势，但"管"起来并不容易，尤其是在当下中国意欲建立起自由与秩序的平衡，就需要付出更多的努力。

其二，非营利组织能力建设。与国家机关监管能力建设相对应，非营利组织自身的能力建设也将是"放控"兼顾、"促管"平衡立法所需要面对的一个重要问题。在西方发达国家，良好的公民结社文化传统、法律制度健全、公民社会成熟、自治与治理理念深入人心。而在我国，则形成了国家统摄社会、社会依赖国家的传统，加之新中国成立后的国家强力管控模式又运行了几十年，因此，常常会出现"一统即死、一放就

N P

非营利组织立法的现实进路与问题

乱"的恶性循环。虽然经过改革开放后30多年的发展，社会自治能力与水平有了很大提高，公民社会也日渐形成，但是非营利组织的自主发展能力、状态与西方相比仍有不小的差距。比如，非营利组织真正实现了政社分离而"断奶"后，其活动资金如何筹措、其公信力如何确立、其活动影响如何塑造等等，也就是说，在民众结社意识不强、对政府信任高于对民间信任的惯性心理环境下，去行政化未必就能立即形成所期盼的那种西方式非营利组织形态。恰恰相反，相应的困难、问题，甚至风险可能会随之发生，独立自主的非营利组织如何能够成熟地站在公众面前、承担起应有的社会使命和责任，并得到社会公众的认可和信赖，可能并非是一蹴而就的问题；再如，《专家建议稿》在"组织机构"一章，以较大的篇幅设定了非营利组织的治理结构和机制，但是，这种机制能否在现实中得到真正的运行，会不会流于形式（尤其是在与自身利益关联度不大的情况下，国人的"公共选择"很容易不认真、不负责），或者出现某种力量影响下的形式合法化"运作"（"暗度陈仓"式的形式合法化"运作"，在当下中国的各行各业并不少见），或者出现某种"后台操控"（尤其是在"官办"色彩未消的情况下）。再如，非营利组织如何按照法治、自治和治理的理念来进行业务活动和公益活动。最近中国社科院发表一份报告指出，一些中介组织正在沦为腐败中介①，那么，如何减少可能的"以合法形式掩盖非法目的""以公益形式掩盖营利目的"，从而达到《专家建议稿》所欲求的"为非营利组织建立一个规范运作的平台，从制度上抑制公益腐败"目标？这些都是采取"自由设立主义"和"行为主义"的治理模式后可能会遇到的又难以简单处理的问题，需要理性思考和审慎对待。此外，可能还会有"外国代理人"这样的问题也需要警惕。② 可见，非营利组织自身的能力建设，是其自主自治、民主治理的一个重要前提和基础。

其三，政治体制改革和整体制度环境建设。中国的非营利组织立法

---

① 参见《中国社科院报告指出：一些中介组织正在沦为腐败中介》，http:// news. ifeng. com/mainland/200902/0202_ 17_ 989907. shtml。

② 参见《各国严控海外资金介入政治》，http：//news. 163. com/12/0903/15/ 8AG42AUG00014JB6. html。

不能脱离政治体制改革和整体制度环境，这是由中国的特殊国情所决定的。应当说，改革开放后的非营利组织发展历程，总体上还是一种从政治附庸走向独立成长、从政府管控走向民间治理的历史进程，《专家建议稿》也正是反映了这个历史变革的未来趋势和规制诉求。但是，中国非营利组织的立法绝不仅仅是一个法律草案的问题，如果没有实质性的政治体制改革，没有整体性的配套制度建设，非营利组织立法就很难进入议事日程，也很难取得规制实效。比如，从国家设立民间组织登记管理制度起，自身就面临着政治体制问题的纠缠，于是，不得不对共青团、工青妇等八大"人民团体"设定"不予登记"，其他很充分的正当性的理由我们姑且不说，单单就民政部为部级单位（何况登记机关实际上是民政部的一个司局），而那些"人民团体"就难以"低就"（其政治级别都很高）来说，于是，这就开了登记管理的"法外先例"，此后，就又有文联、作协等25个团体"免予登记"，或许谁能脱离登记管理都成了一个政治地位和身份的象征。在这种情况下，《专家建议稿》如何实现统一规制，就成为一个难以回避的问题，因为《专家建议稿》毕竟不是一个单行条例和法规，而是一部统一的非营利组织法，如果它允许某些非营利组织在该法规制之外存在，那么它的规制效力和权威性难免就会受到怀疑；但它若将那33个团体，尤其是那8个"人民团体"纳入规制其中，又确实面临很多政治体制改革的问题。当然，还有诸多官办非营利组织的改革和去行政化，也需要通过政治体制改革才可以得到妥善而根本性的解决。党的十八大报告指出，要深化行政体制改革，深入推进政企分开、政资分开、政事分开、政社分开，"加快形成政社分开、权责明确、依法自治的现代社会组织体制"，但是，究竟是如何推进并没有具体的说明，这就给非营利组织立法带来了太多的变数。此外，与非营利组织立法相关的制度环境建设也不可小觑，比如《工会法》《红十字会法》《公益事业捐赠法》《基金会管理办法》《社会团体登记管理条例》《民办非企业单位登记管理暂行条例》《治安管理处罚法》等，对非营利组织的称谓不一，定位不同。对单行条例或许还好办一些，可以通过统一立法来废止条例，但是，同样是法律的其他平行立法就不那么简单了，如何为非营利组织立法提供一个协调、一致的制度环境，可能也是一个需要面

非营利组织立法的现实进路与问题

临的问题。

总之，尽管《专家建议稿》并不是完美的，可能会面临着一些操作上的问题，但毫无疑问，《专家建议稿》是一次肩负使命的重要尝试，一次制度创新的大胆实践，一次学术研究的理想描绘，一次公益追求的执著写照，它必将对中国非营利组织发展的法治化进程产生重要推动作用。

（责任编辑：陈洪涛）

社会企业：价值与未来

——第三届公益主题国际研讨会综述

乜琪　李勇 *

第三届公益主题国际研讨会暨东亚社会企业国际会议于 2012 年 12 月 8 日~9 日在天津召开。会议由天津市委城乡规划建设交通工作委员会、增爱公益基金会、清华大学 NGO 研究所、明德公益研究中心共同举办。参加会议的有来自美国、德国、法国、意大利、日本、韩国和中国内地、中国香港、中国台湾等高校、科研机构的专家、学者以及实践领域的社会企业家，共 100 多位。国家民政部与天津市相关部门的领导也出席了本次会议。

本次国际会议定位在前沿性、创新性、高端性、学术性与国际性五个方面，设有"公益与社会""营利与市场"、"社会企业的伦理价值与未来"三个主题论坛单元，采取"大会 + 平行分会场"的模式，大大增加了与会嘉宾交流的机会与范围。本次会议以社会企业和公益创新为主题，以资深学者和著名企业家为参与主体，围绕东亚的社会企业实践与发展模式进行了全面、深入的交流。

一　社会企业的概念与定位

（一）概念

社会企业作为新兴概念，在学界尚未形成一致定义。如韩国圣公会

---

* 乜琪，清华大学公共管理学院 NGO 研究所博士后；李勇，清华大学公共管理学院 NGO 研究所所长助理，明德公益研究中心主任。

大学 Shin-Yang Kim 教授指出，在韩国，社会企业并没有明确、统一的概念，甚至会出现冲突性的定义。台湾政治大学江明修教授从跨部门治理的角度界定社会企业，认为社会企业提供治理空间，在政府、市场与公民社会之间搭建协力桥梁，以市场性的集体行动，落实复合性的公益目标。香港社会创业论坛召集人马家驹博士则带来了香港政府的官方定义，认为社会企业是一盘生意，以达至某种社会目的，例如提供社会所需的服务或产品、为弱势社群创造就业和培训机会、保护环境，利用本身赚取的利润资助其下辖的社会服务等。上海交通大学徐家良教授则认为，"社会企业"与"社会经济"的概念是共通的，那就是以社会效益最大化为宗旨，以社会组织或者企业组织为主体，运用市场机制（出售商品和服务）、政府机制（政府津贴）和社会机制（职员工作和私人捐赠），为社会群体尤其是弱势群体提供就业等所需服务的一种经济形态。中央编译局何增科研究员则在其研究中采用了社会企业联盟的定义，从企业倾向、社会目标与社会所有权三个角度界定了社会企业。

北京大学袁瑞军教授指出，无论何种界定与表述，社会企业的本质可以概括为用企业的方法解决社会问题。当然，这个表述下的内涵非常不清楚，到底商业手段与社会目的之间如何结合才构成社会企业？对此，袁瑞军教授提出两个理解维度即服务对象维度和利润分配维度，即服务什么人群，如何分配利润是检验社会企业的标准。北京大学陈金罗教授则认为，检验社会企业的标准不在于其是否营利，而在于是否实现社会公益目的。香港圣公会麦理浩夫人中心总干事沃冯燕琼则从实操层面提出，经营性收入占到总收入 60% 以上的组织才能被称为社会企业，以与将捐赠作为主要收入来源的非营利组织进行区分。

一些学者和实践者对以上概念与界定提出了质疑与自己的见解。青岛民政局局长庞承伟认为，在中国当前的环境之下，仅从市场化运作与公益目的等方面定义社会企业过于单薄，与中国特色的社会主义、特色的文化环境与特殊的公民意识不相契合，应该在区分社会企业与企业社会责任等相关概念的基础上对社会企业进行界定。台湾海棠文教基金会执行长陆宛苹则认为，社会企业是广谱的、多元的，目前社会企业正处于发展之中，它有多种发展可能，此时提社会企业定义并非明智，反而会陷入定义框架中阻碍对社企的真正认识。何增科甚至怀疑"社会企业"这一翻译概念的准确性，提出从西方引进的这一概念在中国的制度环境下，难以进行部门归口，应该重新进行概念的翻译与界定。

在对社会企业内涵进行界定的基础上，与会专家学者也进一步探讨了社会企业的外延与组织形式。除韩国已经对社会企业进行立法之外，在东亚的其他国家并无社会企业法人的概念。陆宛苹表示，在台湾，社团法人和财团法人都可以做社会企业。谢家驹博士则指出，在香港，不能用社会企业的身份去登记，而通常注册为企业形式。北京大学金锦萍教授认为，在英国和欧洲，社会企业从来不是一种特有的组织形式，只要市场化的运作机制与社会公益目标同时兼具，就可以是社会企业，而韩国法律界定下的社会企业范围略有狭隘。在实践中，社会企业也通常表现为多组织形式混合运作的形式。江明修指出，台湾的社会企业有社会企业、纯粹慈善组织与纯企业等三种类型，但大部分属三种类型的混合模式。日本立命馆大学樱井政成教授指出，日本的社会企业也包括三种形式：有收入的非营利组织、非营利公司以及社会性商业组织。本届会议上所展示的大量社会企业的案例中也体现出类似特点。如残友集团，同样本身既有企业，也有基金会与民非等其他组织形式；在中国兔王的运作组织体系中，企业与非营利组织也是混合在一起的。它们在中国内地都是非常成功的社会企业。

（二）定位

关于社会企业的定位问题，本次会议围绕社会企业与社会创新之间的关系进行了研讨。多数学者主张，社会企业是社会创新的表现。

何增科提出，异军突起的社会企业既构成社会创新的一个重要组成部分，同时又成为推动社会创新促进社会公平的一支重要力量。江明修则提出，社会企业是一种创新形态，可以补充政府失灵、企业失灵，甚至公益失灵的情况，为三者的跨部门合作起到润滑剂的功能。香港理工大学陈锦棠教授同样认为对社会企业最重要的是创新精神，但社会企业不是解决所有问题的万灵丹，而是整个社会发展中一种创新型的手段。

中国国际民间组织合作促进会石忠诚则认为，社会企业不仅是组织创新，还是公民社会发展的必然产物，是解决社会问题、满足社会需求的必然制度安排。清华大学沈原教授同样指出，将社会企业定位于社会创新，有利于拓展社会建设的视野。华东政法大学马长山教授则提出了社会企业作为社会创新的两大贡献：一是社会企业的出现形成了多元自主的社会构建；二是推动了公民品格的塑造和形成。

但是，也有学者对社会企业的创新性提出不同观点。清华大学王名教授指出，社会企业既突破了企业的伦理与逻辑，也突破了公益的界线，它是简单的否定与批判还是带来了新的逻辑，非常值得思考。中国劳动关系学院吴建平博士提出，历史上出现过企业的替代性模式如合作社等，社会企业同样是出于对企业的批判，它是一个新概念，还是"新瓶装旧酒"，需要经过系统的探讨与梳理。袁瑞军认为，封建时代的儒商与社会主义时期的福利企业都是社会企业在不同时代的表现形式，因此社会企业在中国是新名词老现象。沈原也认可这一观点，认为残疾人福利工厂等都是借助经济手段维护社会事业的安排，研究和实践社会企业都要将这些历史因素考虑在内。

二 社会企业的发展

（一）产生背景

关于社会企业的产生原因，与会专家学者一致将其归为社会需求。残友集团刘海军提到，在残友集团发展过程中，无论是多家公司的成立还是基金会的建立都是基于需求的推动。清华大学博士后弋琪所研究并展示的中国兔王案例中，同样存在着社会需求对社会企业产生的推动力量。樱井政成与陆宛苹都提到，地震后社会企业在当地获得了较大发展，也证明了社会企业产生及发展的社会需求导向。何增科认为，作为社会创新的社会企业，既是一种问题驱动的创新，又是一种精英驱动的创新，是社会精英为解决社会问题、满足社会需求而发起并推动实施的创造性行动和服务。

（二） 发展的制度条件

陈锦棠提出社会企业发展的"四要素"，即政府、企业、NGO 的密切合作，以及社区与社会的参与支持。王名则在"四要素"的基础上进一步增加了"人"的要素，认为社企领导人也是社企发展的要素之一。南京大学税兵博士则对此持反对观点，他认为，制度优于人，社会企业的发展需要构建的是良好的制度环境。马长山同样认为，目前国内没有任何对社会企业合法性的制度确认，制度环境存在问题；他同时强调对社企的制度建设推进过快也会带来漏洞。陈金罗则从较为宏观的层面提出，如果没有制度建设做保障，社会企业的发展必将付出高昂的成本与代价。

关于如何进行制度建设，税兵认为应该从三个方面入手：税收优惠，对捐助者、投资者的法律保护，对债权的法律保护。意大利特伦托大学 Sara Depedri 和基金会中心网程刚总裁都认同税收优惠措施。程刚认为政府购买服务不是好的支持策略，可以将社企作为企业发展的一个阶段，由政府出台相应的支持与扶持政策。南都公益基金会理事长徐永光则指出，通过社会投资推进社会企业发展，通过举办人有财产权等制度设置形成社会企业发展的新格局。也有学者提出，为促进社企发展，一定的优惠政策是可行的，但尚不足以立法。

（三） 发展的其他条件

与会专家学者还交流总结了成功社会企业的一些经验，为社企发展所需条件提供了指导。陆宛苹通过自身的社会企业实践，以及对几个社企案例的研究，总结出社企成功的五个因素：社会企业家的精神，市场经营能力，具备相关专业知识技术，品牌建设，政府、企业与 NGO 的三方合作。北京师范大学杨丽博士则以残友为案例，从注重人力资本开发、市场导向与创新、政府支持等三个方面总结社会企业的成功之道。在案例实践中，沃冯燕琼报告的南亚创艺案例与清华大学博士后胡英姿报告的羌绣案例，总结了相似的成功经验，即与知名商业品牌的跨界合作。香港社会企业家马锦华介绍并总结了其运行社企的成功经验，即从需求出发、产品和服务注重用户体验、鼓励模式复制。在养老领域，天津鹤童也是一家成功的社会企业，其成功原因之一同样是因为复制性，其负责人方嘉珂介绍，现在全国已复制了 4000 多家类似鹤童的机构。彭艳妮认为，鼓励复制是社会企业与商业企业最根本的区别之一。

在社会企业的发展中，社会企业家的重要作用得到了与会专家的一致认可。何增科、王名、贾西津等认为，社会企业家精神是社会企业发展的灵魂，残友、携职等案例都体现了社会企业家的个人魅力对社企的影响。金锦萍认为，对社会企业来说，社会企业家的作用不仅在于创业精神，还在于其具有双重能力：发现社会问题的敏锐洞察力、建立可持续商业模式的经营能力。在此基础上，江明修指出，社会企业创新的一个重要方向，就是培养出一批社会企业家，以他们的行动带动社会企业的发展。

三　社会企业的优势与挑战

（一）　具备的优势

社会企业融合了商业手段与公益目的，组织形式上具有相当的灵活性，因此在解决社会问题方面呈现出一定的优势。日本驹泽大学李妍炎以阿密达为案例，通过分析认为自下而上发展起来的社会企业在应对灾后重建，促进循环经济发展方面具有绝对的优势。Sara Depedri 强调社会企业在凝聚社会目标、解决不断增长的社会需求和提供更加稳定而长期的公共福利等方面的重要作用。同样，韩国圣公会大学 Shin-Yang Kim 和美国威斯康星大学 Mark Sidel 教授则认为，社会企业在促进就业方面具有相当的优势。可见，社会企业在多领域都具有解决社会问题的特殊优势。

（二）　面临的问题与挑战

本届论坛最大的特点在于，学者之间观点碰撞激烈。学者们争论的焦点，也正是社会企业在理论与实践中面临的问题与挑战。

第一，社会企业的内在张力或者价值冲突问题。

社会企业具有双重性质：公益性与市场性。公益行为与市场行为分别遵循不同的价值取向，如何调和二者之间的关系，是当前理论研究面临的重要问题。该问题在本届会议中主要表现为学者们对社会企业应不应该分红的争论上，观点分为三派：不能分红、有限制分红、可以分红。以何增科、马长山、华北电力大学朱晓红教授为代表的否定派认为，社会企业既然以公益为目的，绝不能分红；以陈金罗、林奇富、谢家驹、石忠诚与佳通集团UID公益基金主任彭艳妮为代表的中间派则认为，可以有条件或者是限制性地分红；而来自实践领域的社会企业家以携职创始人温少波为代表，认为社会企业是企业，就应该分红。德国柏林自由大学Berthold Kuhn教授结合德国海德堡案例，介绍了由于监管不严而产生了社企高管薪资畸高现象，对分红之争有一定的借鉴意义。

在三派争论之上，金锦萍认为：分不分红，取决于社会企业采取什么样的组织形式。企业当然可以分红，非营利组织自然不可以分红。各种组织形式做成社会企业之后，仍然要遵循本来的组织制度，因此，社会企业分不分红实际上是伪命题。

第二，社会企业面临的双重风险。

针对社会企业的双重底线，沈原提出了社会企业的双重风险：首先，与纯粹公益组织相比，要承担市场的风险。市场不会因为一个企业家具备公益精神而对其特殊眷顾。其次，与商业企业相比，还要承担社会风险，做社会公益同样具有风险性。马长山则提出了自反性概念，认为社会企业秉承善良的目的，但应用市场手段却往往取得相反的效果。税兵认为，社会企业归根到底是企业，必然有营利的冲动，实践中漠视这种冲动而一味强调公益目的是危险的。社会企业的双重风险在理论与实践中都是无法回避的问题与挑战。

第三，政府资助与社会企业发展之间的关系。

政府资助是否有利于社企发展，是理论研究中面临的又一问题。以谢家驹和世界宣明会的岑泽祥为代表，持否定观点，认为过多的政府资助会影响创业精神的发挥，从而阻碍社会企业发展。港台的社企发展为这一观点提供了佐证。但是，陈金罗等一批大陆学者提出相反观点，认为政府资助对社会企业的发展是有积极意义的。前文已经提到，相当的学者建议政府为社会企业发展提供相应政策支持和资金资助。Mark Sidel 教授对此提出，美国当前正在面临社会企业的公民参与、去政治化的难题，这无疑是政府资助带来的后果。因此，政府资助在帮助社会企业快速发展的同时，是否也会给社企发展带来难题是需要深入考量的。

四　社会企业的未来前景

对社会企业的未来前景，部分学者持较为审慎的态度，主张无为而治，以观察为主。台湾中正大学官有垣教授提出，社会企业只是解决社会问题的一种方法，不是万能的，不能够对社会企业有过多的期待和要求。北京师范大学马剑银博士则提出，大陆社会企业的特征主要表现为三大部门组织再融合形成的新的组织群，对这样一个新事物，应该持续观察，不能着急进行界定。程刚则认为，在中国内地，NGO 和企业向社会企业的转变短期内难以实现。中国社科院吴玉章教授指出，作为新生事物，社企发展受到一系列社会因素的影响，在理论上不容易准确把握，需要学者们深入观察研究，以期获得社企理论上的合法性，并为实践中的发展提供支持。

除审慎态度之外，与会的绝大部分学者对社会企业的前景持积极态度。朱晓红指出，社会企业的公益市场潜力很大，应该从法律制度、社会环境层面入手去呵护、推动社会企业的发展。金锦萍提出，在当前社会问题频出的时代，社会企业提供了一种新的解决社会问题的手段，正是生逢其时。浙江理工大学刘国翰博士认为，相比欧美，社会企业将在中国发展得更好，因为企业与政府之间的缝隙为社会企业提供了更大的发展空间。王名则认为，社会企业发展所需条件正在逐渐成熟，这个过程中社会企业将实现大众化、产业化。在大众化、产业化趋势之下，谢家驹认为，每一家企业都将成为社会企业。台湾中正大学黄德舜认为，以大陆早期的集体主义传统为基础，社企在大陆发展前景光明。

　　无论对未来持积极还是审慎态度，社会企业正在东亚尤其是中国大陆地区悄然兴起已经是共识。何增科指出，社会企业与社区发展公司、社会商业、社会经济企业等一起作为第四部门，打乱了原有三大部门之间的简单分类，已经成为社会创新的重要趋势之一。

（责任编辑：朱晓红）

近十年我国基金会研究的热点探讨

——基于共词分析的视角

陈旭清[*]   田振华[**]

【摘要】 本文利用共词分析方法，借助 EXCEL 和 SPSS 软件工具，对 2003～2012 年我国基金会研究的内容进行挖掘与分析，从大体上把握了我国基金会研究的现状及热点。研究表明，外部制度环境、内部组织治理、基金会评估体系及高校教育基金会已成为我国基金会研究的四大热点领域。

【关键词】 基金会　共词分析　研究热点

一　引言

近年来，随着我国慈善事业的不断发展，基金会数量快速增长。[①] 作为一种创新的公益组织形式，基金会在弥补政府公共产品供给不足、解决社会弱势群体生活困难、倡导民众互助关爱理念、促进社会和谐稳定方面有着积极作用，日益成为实务界和学术界关注的热门主题。尤其是2004 年国务院颁布《基金会管理条例》以来，国内掀起了基金会领域的研究热潮。为了把握我国基金会的发展概况，从总体上定位其研究热点，本

---

　* 陈旭清，中央民族大学管理学院教授，浙江大学博士，清华大学博士后。
** 田振华，中央民族大学管理学院 2008 级硕士研究生。
① 截至 2012 年 11 月 28 日，我国基金会总数达到 2866 家。其中，公募基金会 1294 家，非公募基金会 1592 家。http：//www. foundationcenter. org. cn/.

文采用文献内容分析的研究方法，通过挖掘高频关键词，分析其间的内在含义，最终归纳出 2003～2012 年十年间我国基金会研究的热点主题。

二 数据来源及研究概况

本文选取中国知网（CNKI）的中国学术期刊网络出版总库作为数据来源，以"篇名"为检索项，以"基金会"为检索词，时间跨度选取 2003～2012 年，范围选取"硕博论文"和"全部期刊"①，匹配设定为"精确"，将检索到的样本数据题录导出到文献收集与分析软件 Noteexpress 中，利用"查找重复题录"功能去掉重复论文，删除会讯、访谈等非学术论文后，共得到有效论文 346 篇。下面从时间分布、被引频次、作者特征等方面分析该领域的研究概况。

（一）学术论文数量特征

从样本文献的年度发文数量（见图 1）可以看出，2003～2012 年我国基金会研究领域的学术论文数量快速增长，2012 年的发文量约是 2003 年发文量的 9 倍，这反映了随着我国基金会规模的稳步发展，近十年该领域的学术关注度也明显提升。

（二）学术论文被引情况

被引频次能够反映论文本身的研究价值与认可程度，也体现作者在该领域的学术地位和影响。对 2003～2012 年中国知网（CNKI）期刊数据库和硕博数据库中相关文献进行统计，样本文献中被引频次大于 10 次的文献仅 40 篇，这表明尽管近十年我国基金会规模不断扩大，但学者对基金会的研究仍处于起步阶段，学术成果被引用的比例较少。另外，被引频次和大于 28 次的高被引学者有 14 位（见表 1），他们可谓是该领域研究的重要力量，其学术观点得到了其他研究者的关注与认同。

---

① 由于时滞等原因，该数据库尚未将《中国非营利评论》九卷全部收录，而该期刊又是研究我国非营利组织的专业期刊，所以笔者在查阅其他资料的基础上，将少量未收录的篇名含"基金会"的学术论文添加到了样本数据中。

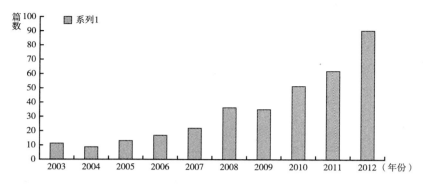

图1 近十年我国基金会研究论文数量分布图

表1 近十年我国基金会研究高被引作者统计表

序号	作 者	被引频次	序号	作 者	被引频次
1	王 名	82	8	王任达	45
2	陈秀峰	67	9	黄建华	40
3	徐宇珊	64	10	游睿山	40
4	贾西津	62	11	李 未	31
5	谢宝富	54	12	孟东军	31
6	李 莉	50	13	范文亮	31
7	刘春生	45	14	孙旭东	28

（三）学术论文作者特征

通过统计软件对样本文献作者进行特征分析，2003～2012年，共计382位作者发表了我国基金会研究方面的学术论文，且研究者数量呈现递增趋势，这反映出随着我国基金会规模的不断扩大，该领域的研究者不断增多。而在382位作者中，约占87%的作者只发表过一篇关于我国基金会研究方面的论文，这表明该研究领域起步不久，仍属新兴方向，学者分布较为分散，除少数作者外，大部分研究者涉猎时间不长，并未将此作为主要研究方向。其次，在作者合作方面，有95篇论文（约占总样本的27%）是两位或多位作者合作完成的，作者间关系多为同一科研机构学者、导师—学生、同一基金会从业者、科研机构学者—政府官员、政府官员间、科研机构学者—基金会从业者等合作篇数很少，这表明在我国基金会领域的学术研究中，还应加强跨职业研究者间的合作。

三　研究热点分析

对一个领域或学科的热点进行研究可以通过对该领域的学者论文进行内容分析来实现。而共词分析法就是进行文献研究和内容挖掘的重要方法。它是对一篇文献中同时出现的词进行统计，并以此为基础进行聚类分析，以揭示词对代表的主题结构。通常认为，词对在一篇文献中出现次数越多，二者关系就越紧密。具体来讲：

首先，将上述样本数据中含有关键词的 296 篇论文导出到 Excel 中进行词频统计。由于不同作者存在专业背景和用词习惯的差异，其标引的关键词有着同义词、近义词、上下位词的情况，在统计高频词之前需要对原始关键词进行预处理：删除"基金会""对策""问题""现状""研究""建议""措施""困境""挑战""启示""路径""路径选择"等无法揭示基金会研究内容的关键词；并将含义一致、用词不同的关键词进行统一规范，如将"大学教育基金会""高校基金会""大学基金会"统一为"高校教育基金会"；"公开透明""信息披露""信息公开"统一为"信息公开"等。在对原始关键词清洗后，参考齐普夫第二定律①和 g 指数②公式，经过多次试验比对，最终选取词频大于等于 5 次的关键词为高频关键词（见表 2），共计 23 个。

---

① Donohue 在 1973 年根据齐普夫第二定律提出了高频词分界公式：$T = (-1 + \sqrt{1+8I1})/2$，其中，T 表示高低频词的分界频次，$I1$ 为出现一次的词的数量。

② 杨爱青、马秀峰等在《g 指数在共词分析主题词选取中的应用研究》一文中，提出了词频 g 指数的算法：某一个研究主题关键词的数量分值为 g，当且仅当此研究主题的关键词总量 N 中，有 g 个关键词其累计出现频次不少于 g^2 次，而 g + 1 个关键词其累计出现频次少于 $(g+1)^2$ 次。

表2　近十年我国基金会研究高频关键词频次统计表

序号	关键词	词频	序号	关键词	词频
1	高校教育基金会	68	13	税收政策	10
2	非公募基金会	26	14	信息公开	9
3	公募基金会	19	15	慈善	7
4	监督	18	16	财团法人	6
5	内部治理	18	17	公信力	6
6	筹款	15	18	公益事业	5
7	投资	14	19	关系	5
8	政府	14	20	品牌	5
9	财务管理	13	21	产权	5
10	法律制度	13	22	合作	5
11	捐赠	12	23	指标体系	5
12	评估	10			

　　其次，在确定高频词的基础上，利用"VLOOKUP"函数和数据透视表功能构建24个高频词在同篇论文中两两共现的频次，形成24×24的共词矩阵，再利用Ochiiia系数将原始矩阵转换成相异矩阵（见表3），相异矩阵中的数字大小表明相应两个高频关键词之间距离的远近，数值越大表明词与词之间距离越远；反之，数值越小，表明词与词之间的距离越近。相异矩阵对角线上的数据都为0，它代表某一高频关键词与自身的相异程度。

表3　高频关键词相异矩阵（部分）

关键词	高校教育基金会	非公募基金会	公募基金会	监督	内部治理	筹款	投资	政府
高校教育基金会	0.000	0.976	1.000	0.971	0.943	0.750	0.773	1.000
非公募基金会	0.976	0.000	0.910	0.908	0.908	1.000	0.895	0.948
公募基金会	1.000	0.910	0.000	0.892	1.000	0.822	1.000	0.877
监督	0.971	0.908	0.892	0.000	0.944	0.939	1.000	0.937
内部治理	0.943	0.908	1.000	0.944	0.000	1.000	1.000	1.000
筹款	0.750	1.000	0.822	0.939	1.000	0.000	1.000	0.931
投资	0.773	0.895	1.000	1.000	1.000	1.000	0.000	1.000
政府	1.000	0.948	0.877	0.937	1.000	0.931	1.000	0.000

最后，将表 3 导入 SPSS19.0 进行聚类分析，选择"系统聚类"分析，选择"组间平均链锁距离"，生成树状图（见图 2）。聚类分析是研究物以类聚的统计方法，其原理是把相异度较大的对象聚为一类，把另一些相异度较大的对象聚为另一类，关系紧密的聚为一小类，关系疏远的聚为一大类，直至所有对象都聚合完毕，形成一个由小到大的分类系统（张勤、马费成，2007：65~73）。利用该原理，我们可以将高频关键词聚为以下几个小类团：（一）基金会评估，包括关键词 12、23（评估、指标体系）；（二）政府与基金会关系研究，包括关键词 15、22、8、19、18（慈善、合作、政府、关系、公益事业）；（三）基金会组织治理，包括关键词 14、21、5（信息公开、产权、内部治理）；（四）基金会的法律地位，包括关键词 4、10、16、13（监督、法律制度、财团法人、税收政策）；（五）公募基 金会公信力建设及品牌营销，包括关键词 3、17、20（公募基金会、公信力、品牌）；（六）高校基金会资金管理，包括关键词 1、11、6、2、9、7（高校教育基金会、捐赠、筹款、非公募基金会、财务管理、投资）。

四　热点主题综述

概括上述高频关键词聚类形成的小类团属性，可以将近十年我国基金会研究的热点领域归纳如下。

（一）基金会外部制度环境研究

该知识群包含"法律制度""税收政策""监督""政府"等高频关键词，由第三、五类团组成。自《基金会管理条例》、《关于公益性捐赠税前扣除有关问题的通知》《关于非营利组织企业所得税免税收入问题的通知》等法律法规颁布以来，我国本土基金会发展迅速。但客观来看，仍存在法阶层次较低、政府管制严格、税收优惠不足等制约因素。所以，为改善我国基金会的生存环境，不少学者从政府管制、法律规范等宏观层面进行探讨，取得了初步的研究成果。如学者杨团认为，政府应该在登记注册、税收减免、资金资助、项目委托等方面给基金会以法律的、

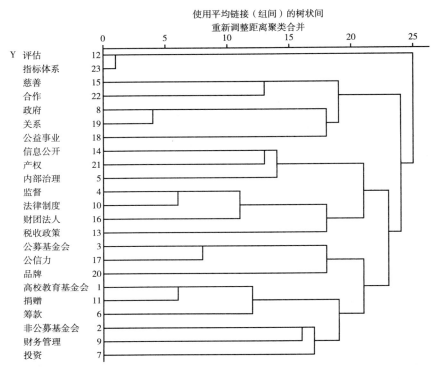

使用平均链接（组间）的树状图

重新调整距离聚类合并

图2　高频关键词聚类分析树状图

行政的、财务的帮助（杨团，2010：53~59）。王名、徐宇珊则从"增设激励大型基金会发展的法人登记'绿色通道'、贯彻落实激励公益捐赠的税前扣除政策、明确并落实对基金会等公益组织的收入减免税政策、尽快出台遗产税"等角度阐释推动基金会发展的战略选择（王名、徐宇珊，2008：16~54）。余小敏、刘忠祥等在分析了现行税制缺陷的基础上，提出完善税收制度体系、明确税收优惠的政策依据、建立系统有效的税收管理体系对我国基金会可持续发展至关重要（余小敏、刘忠祥，2010：25~28）。税兵从《基金会法》的角度指出，在未来的民法典上，基金会制度作为非营利法人制度的重要组成部分，应增加法人名称、法人财产、法人责任、法人机构等民事规范内容，从而建立基金会治理的一般法（税兵，2010：125~136）。刘啸、罗章则利用制度可能性边界理论分析了中美基金会管理体制的不同，并指出我国政府应该借鉴美国经验，放松对基金会的监管，建立服务导向的管理体制，并制定统一的税收法制

（刘啸、罗章，2012：92～96）。可见，国内大多数学者认为，完善基金会的法律地位、明确税收减免政策、改革双重管理体制是推动我国基金会持续发展的重要制度因素。

（二）基金会内部治理研究

该知识群包括"内部治理""信息公开""运作""发展""财务管理""投资""激励机制"等关键词。学者们的现有研究中，除分析基金会的宏观制度环境外，还侧重于从组织自身建设（如人员激励、项目运作、财务管理）的微观层面探讨我国基金会的发展问题，这部分文章在样本数据中占有较大比例。如方英在分析了我国非公募基金会在资金、人员、物资等方面缺乏离开原生机构独立生存发展能力后，指出应从项目运作差异化、品牌化，人员专职化、专业化，资产保值增值等方面提升自身能力（方英，2011：71～78）。陈旭清、田振华在探讨了民族地区非公募基金会有着独立性不足、专业性欠缺、信息公开不充分等问题后，指出从完善组织治理结构、培养专业项目人才、搭建组织信息平台等方面推动组织建设（陈旭清、田振华，2012：189～208）。另外，在如何处理基金会内部所有权、控制权、监督权和管理权相互关系的问题上，李莉、陈杰峰谈到，基金会良好治理结构的实现，应该通过建立均衡有效的决策机制、提高监事会的法律地位、引入共同治理机制、消除"内部人控制"等方式来实现（李莉、陈杰峰，2009：70～75）。当然，由基金会自身的"公益产权"属性决定，信息披露也是基金会内部治理的重要组成部分。样本论文中也不乏对此方面的探讨，如陈岳堂在其博士论文中就曾指出，在基金会信息披露治理方面，完善内部治理结构、建立内部控制制度是内部监管的重要举措（陈岳堂，2007）。

（三）基金会评估研究

该知识群包含的高频关键词有"非营利组织""评估"，由聚类分析中的第二类团构成。针对目前我国基金会良莠不齐、发展不均衡的情况，为了从整体上推动基金会组织的持续发展，部分学者提出了对基金会进行等级评估的研究思路，该研究主题在样本文献中有 12 篇。作为一种社会选择机制，基金会评估不仅能规范、监督并激励组织发展，甄选承接政府转移公共服务职能的优秀组织，还能增进民众对不同基金会区别看待的理性认识。学者陶传进将基金会评估的核心归为评估指标确立的理论框架和现实依据，并提出了资金方面（含募集、管理与花费）、项目设计与运作的专业性、公益性、相对于出资方或发起人的独立性、良好的社会问责、组织运作与项目运作中的管理与团队状况、财务管理与资产运作"七支柱式"的评估内容结构（陶传进，2012：8~9）。陈秀峰以大学教育基金会为例，提出了围绕非营利性、组织使命与战略规划、项目、组织能力四个方面的评估机制（陈秀峰，2009：14~18）。可见，尽管对此主题的研究起步不久，但学者们在借鉴国外基金会评估理论及方法的基础上，结合我国基金会实情，尝试探索适合其发展的评估体系。

（四）高校教育基金会研究

该知识群包含"教育基金会""高校""捐赠"三个高频关键词，由聚类分析中的第一类团组成，主要研究高校基金会发展问题。作为目前我国非公募基金会构成体系中发展最快的组织类型，高校基金会在募集发展资金、联系校友感情、资助教育科研方面发挥着积极作用，已成为推动我国高等教育事业发展的重要力量。从样本论文可以看出，此类主题的研究约有 70 篇，占总体比重较高，而不同作者专业背景差异性较大，说明该领域呈现交叉学科的研究特点，已成为高等教育学、会计学、公共管理学等共同关注的热点主题。总体来讲，学者们对高校教育基金会的研究涵盖了筹款营销、管理运作、资金投资等方面。如黄建华等指出，在高校办学经费日益紧张，高校基金会捐赠来源有限的形势下，开展筹款营销是急迫且必要的，并认为应该从捐赠市场调研、市场定位、产品推介、公关宣传等方面开展营销活动（黄建华等，2006：53~56）。鲁小双在高校基金会的管理运作方面谈到，大学基金会健康、持续发展，需要完善其内部治理机制：建立责任划分明确的组织、规范管理的规章制度以及有效的财务监控（鲁小双，2012：86~90）。王珏针对高校基金会资金保值增值，指出了国债回购、新股申购、证券投资基金、央行票据四种具体的投资策略（王珏，2007：170~172）。而王玉辉则提出了将各个高校基金会的闲置资金汇集在一起，建立高校基金会资金池的建议，该资金池由专业团队运作，可以解决高校基金会普遍规模较小，投资方式单一的难题，并达到丰富投资方式、降低投资风险的目的（王玉辉，2012：45~48）。

五　结语

根据文献分析，我们可以对我国基金会研究有如下认识：首先，在时间分布上，我国第一家基金会成立于20世纪80年代，学者对基金会的研究开始时间较晚，自2004年《基金会管理条例》颁布后，基金会领域逐渐受到学者们的重视，研究成果不断丰富，特别是2008年以来，我国基金会数量增长迅速，学界对该领域的研究正在成为非营利组织研究的一大热点。其次，在研究领域方面，理论界对高校教育基金会研究较为集中，对其他领域的研究相对较少。究其原因，与高校教育基金会发展速度快、资料公开度相对较高有关，与该领域属于交叉学科，研究者相对较多也联系密切。再次，在研究层次方面，现有研究成果既有对基金会法制环境、管理体制方面的宏观研究，也有结合具体个案的微观探析，但总体来讲，实证研究大多停留在个别案例的情景描述上，缺乏系统综合，仍需不断深入。最后，在研究方法方面，大部分学者采取了定性研究方法，对我国基金会展开了制度分析和宏观理论研究，但定量分析方法运用较少。在以后的研究中，尝试将两种方法结合起来，将使得该领域的研究更加系统和深入。

客观来讲，本研究存在以下不足之处，首先在样本数据来源方面，只选择了中国知网数据库，未将其他数据库涵盖在内，且数据库收录文献存在非同步、持续更新的特点，所以统计数据可能存在误差。另外，由于文献关键词标注存在不统一、不规范的情况，在高频词整理上有主观判断因素，可能对分析结果产生影响，笔者将在今后的研究中对此问题做进一步探讨。

参考文献

陈秀峰（2009）：《从个案研究中国非营利组织评估现状——以大学教育基金会为例》，《学会》第 11 期，第 14 ~ 18 页。

陈旭清、田振华（2012）：《中国少数民族地区非公募基金会发展研究》，《中国非营利评论》第 9 卷，第 189 ~ 208 页。

陈岳堂（2007）：《非营利基金会信息披露治理评价及其治理研究》，湖南大学博士论文。

方英（2011）：《非公募基金会从"孕育期"到"成长期"的问题及发展策略——以广东为例的研究》，《探求》，第 71 ~ 78 页。

黄建华等（2006）：《高校基金会筹款营销研究》，《清华大学教育研究》第 4 期，第 53 ~ 56 页。

李莉、陈杰峰（2009）：《中国公益基金会的法人治理结构及其体制创新》，《广西经济管理干部学院学报》第 4 期，第 70 ~ 75 页。

刘啸、罗章（2012）：《中美基金会管理体制比较研究——基于制度可能性边界的理论》，《行政论坛》第 3 期，第 92 ~ 96 页。

鲁小双（2012）：《大学基金会内部治理机制的建设及完善》，《湘潮》第 5 期，第 86 ~ 90 页。

税兵（2010）：《基金会治理的法律道路——〈基金会管理条例〉为何遭遇"零适用"?》，《西北政法大学学报》第 6 期，第 125 ~ 136 页。

陶传进（2012）：《为基金会的评估定位》，《社会管理研究》第 2 期，第 8 ~ 9 页。

杨团（2010）：《关于基金会研究的初步解析》，《湖南社会科学》第 1 期，第 53 ~ 59 页。

王名、徐宇珊（2008）：《基金会论纲》，《中国非营利评论》第 1 期，第 16 ~ 54 页。

王珏（2007）：《高校基金会的投资策略》，《中山大学学报论丛》第 1 期，第 170 ~ 172 页。

王玉辉（2012）：《高校教育基金会资金池的建立及其运作模式探讨》，《社团管理研究》第 8 期，第 45 ~ 48 页。

余小敏等（2010）：《我国基金会的税收制度》，《税务研究》第 5 期，第 25 ~ 28 页。

张勤、马费成（2007）：《国外知识管理研究范式——以共词分析为方法》，《管理科学学报》第 6 期，第 65 ~ 73 页。

（责任编辑：郑琦）

学术的殿堂　创新的典范

——洛克菲勒基金会布拉吉奥中心的见闻与启示

陆　波[*]

2011 年 11 月，笔者应邀出席由洛克菲勒基金会在意大利举办的布拉吉奥峰会，主题为："公益的未来与民生的发展"。

从举办地布拉吉奥中心（Bellagio Center）放眼望去，远处是绵延不绝的阿尔卑斯山，脚下是清澈平静的科莫湖，四周是修剪得一丝不苟的草坪树木。彼时恰逢深秋时节，但见碧空如洗，层林尽染，湖光山色，美不胜收！我先是被这里旖旎的自然风光深深吸引，伴随着会议的进程，又对它的历史、功能、现状产生了浓厚兴趣，进而引发了对如何发展中国公益慈善的思考。

一　深厚的历史底蕴

布拉吉奥庄园经历了从防御工事到奢华宫殿，再到公主的私人别墅和修道院，最后成为慈善中心的演变，在漫长的岁月中变幻和演绎了众多不同的角色。

这段历史可以追溯到古罗马时代，当时科莫湖的美景吸引贵族们纷纷来此建造乡村别墅。250 年，科莫湖畔成了皇家舰队防御日耳曼部落的

＊　陆波，北京万通公益基金会副秘书长、北京师范大学社会发展与公共政策学院博士研究生。
本文写作过程中得到欧阳吴攸、曾微的帮助，感谢他们协助整理资料。

123

总部和军队供给的中转站。几百年来，这处工事无数次阻挡了蛮荒部落的入侵，与此同时，城堡也被不断加固。目前，庄园里遗留的几处小教堂和塔楼便是这段历史的见证者。中世纪后期，这里逐渐转为家族所有，先后建造了奢华的宫殿，同时继续担负着军事防御的功能。几个世纪以来，这块土地在不同的家族间转手，他们保留或修葺之前的建筑，同时又兴建了很多新的工程。

布拉吉奥庄园的历届主人及历史本身赋予其不断变换的使命，不同时期的建筑和文化在这里融合共存，逐渐形成了独具特色的文化魅力。不同时期风格迥异的建筑、历代主人的雕塑和画像、家族的徽章及藏品构成这里主要的历史景观。

二　巧妙的功能转型

出身美国豪门的托蕾·塔索（Torre Tasso）于 1929 年购得此处房产。1932 年，她在最后一次婚姻中嫁给了罗马帝国的王子，从此便有了公主的头衔。此后，她把这里精心打造成为一处优雅的私人庄园。1959 年，富有爱心的托蕾公主被洛克菲勒基金会的使命和宗旨打动，决定把这座 53 英亩的庄园和其中众多艺术品捐赠给洛克菲勒基金会，唯一的要求是将它用于"促进国家间的理解"。在财产转让书签署的一星期后，这位公主便离开了人世。对于洛克菲勒基金会时任秘书长迪恩·鲁斯科（Dean Rusk）来说，这看似简单的愿望却带来了非比寻常的挑战。当时，迪恩面临三个棘手的问题：第一，这个庄园远在意大利北部，距离美国本土遥远；第二，庄园已经大面积荒芜，有些建筑年久失修，设施陈旧落后；第三，庄园的内在价值远未得到发掘。

为此，洛克菲勒基金会邀请了一批专家学者集思广益。专家们认为，这里拥有绝佳的湖光山色，优雅静谧，非常适合短期居住和举办小型会议。这样，洛克菲勒基金会大胆创新，决定将用其为各国公民社会的重要人物或决策者进行对话和研究提供场地，让不同背景的人们通过思想交流解决最主要的全球性问题。在迪恩的部署下，这所庄园被重新修葺，从一个破败农场改建为一个开阔空间。从洛克菲勒基金会接管的那一天起，在管理者和员工的不懈努力下，布拉吉奥中心重新焕发了活力，在此后的五十余年里逐渐发展成为各国各领域专家学者潜心研究、思想碰撞的知识殿堂。

三　独特的访学项目

布拉吉奥中心以开放、包容、尊重、融合的精神享誉国际学术界。这一点在它独具特色的访问学者项目中得到充分体现。根据该项目的规定，每年有 150 位来自不同国家、不同文化背景、不同领域、不同职业的优秀学者和艺术家，可以通过申请、审核的程序前来居住（少则五天，最长三个月），免费享用这里的设施，潜心完成自己的学术写作或文艺创作。每位学者在居住期间都会举办讲座，并与其他学者交流自己的研究或作品。

来自美国的区域经济学教授安·马库森（Ann Markusen）表示："25年的期刊论文写作、阅读以及对提案案例的评价，让我逐渐限定在专业的语言和我自己领域的传统里，忘记了更广的思维方式。"① 而在布拉吉奥中心的这段时间，她从与其他学者相处的过程中找回了大学时代的发散思维。她过去的学术领域主要限于增加就业和薪资水平，从布拉吉奥得到的启发使她后来的研究扩展到了人文性议题，包括经济安全、工作灵活性、工作带给员工的价值等等。

芝加哥现代艺术博物馆馆长玛丽·简·雅各布（Mary Jane Jacob）将布拉吉奥中心比作一个自然的开放空间——自然与文化有机融合，人们既可以享受独处的宁静，也有多样的社交场所，不同的观点在这个空间里共存、碰撞，在思考和创作的动态循环中孕育着创造力。②

从 1959 年至 2009 年，布拉吉奥中心总共接待了 4319 位学者和艺术家来此居住。他们中有 67 人获诺贝尔奖、87 人获麦克阿瑟奖、73 人获普利策新闻奖、39 人获美国国家图书奖，甚至有人后来成为澳大利亚、以色列、卢旺达、冈比亚等国的政府首脑。③

---

① *The Rockefeller Foundation Bellagio Center*, *The First 50 Years*, 2009, pp. 163 – 164.

② *The Rockefeller Foundation Bellagio Center*, *The First 50 Years*, 2009, p. 141.

③ *The Rockefeller Foundation Bellagio Center*, *The First 50 Years*, 2009, The Mix-residents, pp. 248 – 318.

四　前瞻的国际会议

布拉吉奥中心成立 50 周年来，以公益的方式共计举办了 1521 场国际会议，接待了 36000 多位与会者。① 在半个世纪的历程中，布拉吉奥中心一直作为国际公益事业的前沿阵地，致力于为各类世界性难题寻求解决途径。

在这里，人们最早提出并讨论了国际金融现代系统的理论，推动了在拉美和亚洲拯救数百万人的农业革命，为改善艾滋病患者的待遇而谈判并达成共识……秉承加深国际交流和促进世界发展的宗旨，在布拉吉奥中心举办的学术会议总是关注人类正在或即将面临的重大课题。其中，20 世纪 60 年代的议题包括：核能的安全利用、世界贸易的新方向、拉丁美洲的发展和通货膨胀、未来非洲科学研究的组织机构和援助力量；70 年代谈及：人口增长和社会稳定、人权和发展中国家、非洲农业研究、核扩散和武器限制，以及国际金融环境的新走向等；80 年代涉及：非洲阿拉伯国家的合作、世界食品问题、低成本的健康、国际移民问题、现代表演艺术在欧美的发展与问题等；90 年代关注：世界可持续发展的能源效率、全球变暖问题、艾滋病疫苗计划、生物技术的法律与道德问题、发展中国家的青年与性问题；21 世纪的重要议题则包括：全球经济的一体化与不平等、城市创新、公益创投、艺术与科学的对话、降低灾难风险、政治暴力的创伤愈合等等。

现在，这里每年举行 50 多场国际会议，关注和探讨最新的世界性课题，在众多世界性变革中发挥了关键性作用。

五　布拉吉奥与中国

在布拉吉奥中心举办过的千余场会议中，与中国直接相关的仅有 20 多场，其中 13 场是对中医的探讨，其余则涉及了农业、教育、政治、经

---

① *The Rockefeller Foundation Bellagio Center*, *The First 50 Years*, 2009, The Mixconferences, pp. 318 – 360.

济、文化交流等多个领域。中心成立的前 50 年，到访的华裔学者（仅从姓名推断）只有 52 位，21 世纪的头十年仅 17 人，真正来自中国的学者更是屈指可数。在这样一个世界级的学术殿堂鲜见中国知识精英的身影，不能不说是一种遗憾。

布拉吉奥中心的项目运作是申请式而非邀请式，即需项目策划方主动提出申请，经洛克菲勒基金会评审而得到机会。借参加此次峰会了解，中国在布拉吉奥项目申请中主动性稍显不足。这从一个侧面客观地反映出近半个世纪以来，中国在国际学术界的影响力，也反映出中国与国际学术圈的关联程度。参会间隙，笔者与洛克菲勒基金会总部以及布拉吉奥中心的多位负责人交谈，表达了要将该中心推介给中国学术界同仁的意愿，得到他们的赞赏和支持。

六　对中国公益慈善的启示

布拉吉奥中心项目运作一直非常成功，这归因于多个方面：托蕾公主的美好愿景、洛克菲勒基金会的英明决策、独到科学的项目设计、历届管理者的敬业与智慧以及对工作细节的重视等等，其中最重要的是富有胆识的创新精神。布拉吉奥中心堪称公益创新的典范，对我国当前公益慈善事业的发展颇具启示意义。

对捐赠者的启示：近年来，在中国社会，特别是企业家阶层出现了捐赠攀比的现象。公益捐赠本应出于对社会的爱心与责任感，当攀比成为一种风气时，捐赠就被扭曲为压力、恐慌与虚荣的产物。长此以往，人们便会丧失对公益慈善的兴趣和激情。改变和丰富捐赠的形式可以很好地解决这一问题。热心公益慈善事业，可以贡献的不只是金钱，只要运用得当，房产、股票、信息、合作机会、专业知识、个人时间等形式的捐赠，完全能够发挥出比其本身价值更大的作用。这样的做法不仅能减少攀比，还能丰富公益创意与乐趣，同时也为那些资金并不雄厚的个人或组织提供新的思路，提高他们参与公益慈善的积极性与可能性。

对基金会的启示：如何接受不动产捐赠？如何实现巨额捐赠者的意

愿？如何以创新的方式开展公益慈善？这是中国的基金会领导者需要认真思考的问题。很多时候，简单的拍卖变现并不是最好的办法，这容易使捐赠物贬值，更无法发挥它潜在的功能和价值。当年洛克菲勒基金会绞尽脑汁地思考一所受赠庄园的用途，才有了今天的布拉吉奥中心；若当时转手抛售，固然会得到一大笔资金，投入其他公益项目中也会有所收获，但世上就此便少了一所知识殿堂，学者和艺术家们也少了一处创意之源。

对政府的启示：这宗 53 年前地跨欧美的捐赠案例，如果放在今天的中国可以实现吗？这是一个值得深思的问题。目前，我国关于公益捐赠的法律法规很不完善；尽管出台过一些针对个人、企业公益捐赠的税收优惠，但实物捐赠、股权捐赠等的税收处理仍是难题。据报载，一对上海九旬夫妇生前立下遗嘱，将一套 101 平方米的住房捐赠给希望工程，其后人却遭遇缴税 107 万元和办手续一年的尴尬。[①] 若是跨国捐赠，还需面对外汇管制、专业人才、舆论压力等因素的制约，情况尤为复杂。各级政府应长期致力于为公益慈善创造良好的外部环境，为捐赠者提供便利条件和激励措施。

对媒体的启示：慈善家未必都是大富豪，弘扬慈善精神并非发布捐赠排行榜那么简单。我国的媒体亟待改变目前对于公益慈善普遍较为肤浅的认识和做法，应多宣传公益慈善领域的创新之举，多关注公益慈善项目所产生的积极社会影响，多引导公众亲身参与公益慈善事业。惟其如此，才能保护和引导公众的积极性并弘扬慈善文化。

由美国石油大亨约翰·D·洛克菲勒创立于 1913 年的洛克菲勒基金会，本身就是现代公益慈善史上的创新之举。在风雨百年的历程中，洛克菲勒基金会为一批又一批具有创新精神的思想者和行动者提供资金、网络、技术等支持，帮助他们将想法转化为行动，再形成影响力，以此孜孜不倦地推动社会创新。目前，洛克菲勒基金会正在全球各地举办一系列百年庆典活动，其主题词是"为了下一个一百年而创新"（Innovation for the Next 100 Years）。

---

① 详见刘建《房产慈善捐赠尚待法律助力》，《法制日报》2012 年 7 月 28 日。

参考文献

洛克菲勒基金会内部资料（2009）：《洛克菲勒基金会布拉吉奥中心前 50 年》
（ *The Rockefeller Foundation Bellagio Center* , *The First 50 Years* ）。

——（2009）：《布拉吉奥中心——赛尔贝罗尼别墅》（ *Bellagio Center-Villa Serbelloni* ），布拉吉奥中心网站，http：//www. rockefellerfoundation. org/bellagio － center。

（责任编辑：李长文）

中国非营利组织立法的发展路径

——非营利组织立法的点滴忆想

陈金罗[*]

陈金罗[*]

误读之解："保守与改革"

本人自民政部退休后，一直在北大法学院从事非营利组织法的研究工作。一次偶然的机会，一位好朋友跟我开玩笑地说：有一位学者在他的著作里说我是"保守型"的学者代表。

闻言我首先联想到的是，近几年来中国非营利组织的研究队伍越来越庞大，研究的路径也越来越多元，呈现着非营利组织研究百花齐放、欣欣向荣的繁荣景象，这种状况正如清华大学王名教授所说的那样："国内越来越多的学者，包括社会学家、法学家、政治学家、经济学家和管理学家等，纷纷关注到中国非营利组织研究的相关问题并著书立说，许多硕士和博士研究生将毕业论文的选题确定到这个新兴的领域中，相关的学术论文、研究报告、案例分析及政策建议等日盛一日地多起来，一个枝繁叶茂的非营利研究的季节翛然而至"。①

同时，为了回应这位学者的说法，我找到了这位学者的著作并认真地进行了学习，这位作者在他的著作里把中国结社权问题的研究分为几种路径：一是市民社会理论的路径；二是非营利组织的路径；三是社团

* 陈金罗，北京大学法学院非营利组织法研究中心执行主任，民政部原司长。

① 王名：《发刊词》，《中国非营利评论》（第一卷），社会科学文献出版社，2007。

立法的路径；四是结社自由的路径；五是政府管理社团的路径。他在评价这几种研究路径时写道："安全"的价值取向可能最终导致社团治理模式的根本转变。文中还指出：以陈金罗为代表的"政府管理社团"学者已隐隐约约地意识到这一点，他在《积极探索具有中国特色的社团管理运行机制》一文中指出，"现代化的社团管理，应是利用法律法规进行调控和规范的宏观方式，这也是时代发展的必然要求和趋势。如果面对众多的社团，政府以有限人力去进行事无巨细的具体管理，则只能会处处显得无能为力，同时，这也是一种不科学的、落后的人治表现"。他（陈金罗）还敏锐地发现，"由于这种落后管理方式本身所具有的主观随意性，很容易造成某些人为的混乱，不仅不能使社团得到健康的发展和保持有序的运作，而且还会引起许多意想不到的社会矛盾"。我拜读以后认为这位学者的用心是善意的，是良好的，但对于他对我的封嘉，我认为评之有过，第一，我从来不认为我是一位学者，我也从来没有把自己当成一位学者；第二，我没有资格更没有能力当什么类型的代表。由此，而联想到我过去的点滴往事。

非营利组织立法的徘徊与渐进

人作为社会中的一员，社会环境和社会实践对人的生存和发展具有自然的导向意义，但由于不同的因素所造成的差异，人对社会环境和社会实践同样具有积极的创造意义。我从事这项工作，一方面是我本身的意愿和选择，同时也是工作中的机缘和时代的使命并逐渐演变成的一种追求。我涉足这项工作，如果溯本求源，可以追溯到 60 年代早期，在北大法学院就读的我，撰写的毕业论文就是资产阶级议会制度，我对资产阶级的民主、自由和国家制度做过一点点研究，因此，民主、自由和国家制度的相关理论是我启蒙知识最基本的元素之一。

我从北大法学院毕业后分配到全国人大常委会机关工作，全国人民代表大会制度是我国人民行使民主权利的最根本的政治制度，我认为全国人大常委会是我们研究国家制度、民主制度最好的平台和阵地。我到全国人大常委会机关以后，接触到的第一件事情就是当时彭真同志提出并设计在全国人大常委会设立八个专门工作委员会，承担全国人大的具体工作并对国务院进行对口监督，后来被称为八大委员会。但是在全国人大常委会设立八大委员会的提议在"文革"中竟成为彭真向党中央夺权的一个阴谋，一项罪行。这个事件是在我刚刚踏入社会遇到的第一件具有政治性质的事件。这一事件使我感知：第一，如果从制度层面来分析，在全国人大设专门委员会对巩固和加强人民代表大会监管制度应是一项好的倡议。肖蔚云同志在纪念我国宪法颁布 20 周年时撰文指出："宪法监督是保障宪法实施的一个重要问题，也是全国人大常委会一项重要职权，如何使它进一步得到落实，是一个重大的宪法理论和实践问题。从现在的情况看，加强全国人大专门委员会主要是法律委员会的工作，赋予他们就法律、法规是否符合宪法提出审查意见的权利，将不符合宪法的法律、法规提交全国人大常委会审议。这样既可以将具体审查法律、法规的任务落实到专门委员会，又可以坚持全国人大常委会的监督宪法实施、维护宪法权威的权力。"① 第二，任何社会制度的调整与变革必须有与之相适应的社会底蕴和文化积淀，因为只有当"制度变迁也已成为我们所处时代的一个流行话语符号，成为经济、法律、政治等领域诸多著述之中常见的一个用词"，才能"对现有制度及其逐渐的演变过程进行描述、解释、分析或为进一步变革提供规范性构思的背景，借助此话题得以简约并固定"。② 第三，在我的潜意识中，开始存储了制度、法律、民主、正义的意义以及它们的政治含义。

文革以后，1978 年民政部开始建部，由于工作需要组织上调我到民政部工作，我到民政部开始接触的第一项工作也是与政治民主有关的工作，即参与起草修订《中华人民共和国全国人民代表大会和地方各级人民代表大会选举法》（以下简称《选举法》）。什么是民主？浙江大学法学院博士生导师陈剩勇教授说过"现代民主作为一种公民广泛参与决策

---

① 肖蔚云：《我国跨世纪宪法的理论与实践经验——纪念现行宪法颁布 20 周年》，《江流有声：北京大学法学院百年院庆文存之宪法行政法学·刑事法学卷》，第 42 页。

② 沈岿：《我国跨世纪宪法的理论与实践经验——纪念现行宪法颁布 20 周年》，《江流有声：北京大学法学院百年院庆文存之宪法行政法学·刑事法学卷》，第 127～128 页。

和治理的制度安排，实际上涵盖了两个层面的意义：第一个层面即政治国家领域，民主意味着公民通过定期选举更换政府官员或不定期的全民公决等方式……参与和管理国家事务"。① 这就是说选举权是人民当家做主，参加国家管理的一项最重要的政治民主权利，选举法恰恰是保障人民行使这项权利最重要的法律。而这次《选举法》的修改又是在"文化大革命"刚刚结束不久，当时各种思想、各种理念以及社会的走向仍然是雾气蒙蒙。在这种形势下，我们当时对《选举法》的修改有几种选择：一是大胆改革，大踏步前进，将中国选举制度的改革一步进行到位；二是小步前进，不断改革，逐步实现中国选举制度的民主化；三是对选举法仅作文字修改，内容一律不动，原地踏步，保持原有《选举法》规定的各项选举制度不变。我们认为，第一种方案，在当时氛围下，各方面的条件还不具备，仍是一种理想，还不是现实。第三种方案，也不可取，也脱离了已经改变了的中国的现实和需求，因此我们在《选举法》修改的草案中提出了八处修改意见，如：将直接选举从人民公社、镇、市辖区和不设区的市扩大到县、自治县；改等额选举制度为差额选举制；一律实行无记名投票；增加了对代表的监督权、罢免权和罢免代表的法定程序；规定各少数民族都应有代表参加全国人大，民族自治地方选举时应同时用当地通用的民族文字等等。选举法的这些修改被全国人大通过并成为法律，是全国人民意志的体现，适应了当时政治、经济和社会发展的需要，受到了广大人民的欢迎。这从 1980 年全国开始的第一届县级直接选举工作中，广大人民激发出来的空前热情和积极性就可以印证。据民政部 "1981 年年底对 2712 个县级单位的统计，18 周岁以上的人口是五亿四千二百万人，登记选民人数是五亿三千九百万人，选举人数占18 周岁以上人口的99.51%，参加投票的为五亿一千六百万人，参选率为95.82%"。② 同时，在全国进行的第一届县级选举中有些地方由于各种原因发生了各种矛盾和纠纷，这种矛盾表现为选民在候选人选和程序上的

---

① 陈剩勇：《另一领域的民主：浙江温州民间商会的政治学视角》，《学术界》2003 年第 6 期，第 24 页。

② 民政部：《发扬人民民主　增进社会福利　全心全意为人民服务》，《光辉的成就：庆祝中华人民共和国成立 35 周年文集》（下册），第 198 页。

矛盾，这种矛盾不仅表现了广大人民群众在改革开放之初对民主的激情和渴望，同时，也是中国社会不断发展深层次矛盾的折射，县级直接选举对中国百姓来说，民主的权利虽然是有限的，但它的实践，在中国人民心目中留下了深刻印象，它对推动中国的改革开放和民主进程无疑起到了巨大的积极作用。我们作为工作人员，作为《选举法》最初撰稿人和始作俑者，当然感到欣慰。

我到民政部与此相关联的第二件事也是与政治民主有关的事情。1977年底，我从井冈山挂职回到民政部以后，崔乃夫任命我为结社法起草小组组长，开始了我的社团管理工作的九年之旅。我在九年之中，做了以下几项工作：1. 起草《中华人民共和国结社法》（以下简称《结社法》），十易其稿，无果而终。2. 起草了《社团登记管理条例》，并于1989年由国务院颁布实施。3. 筹备并组建了民政部社团管理司，正式开始履行社团管理工作。4. 开始复查登记了一批社团和基金会。5. 草拟了一批扶持和限制社团的政策法规。6. 开始在全国培训一批社团管理干部。7. 组建了社团研究会，推动和鼓励理论研究等等。我们国家启动社团管理工作是在改革开放以后，从1978年到1988年，十年的改革开放为社团提供了自然生长的土壤和条件，社团的兴起和发展已成为经济和社会发展的需要，人民结社权利已成为党和国家关注的重要问题。因此，当我接受这项工作时，是以公民结社自由权利为切入点，当时参与这项工作的学者也仅限于宪法学和行政法学界，我们授命的第一项任务就是起草《中华人民共和国结社法》。

中国非营利组织法律是中国非营利组织生存和发展的基本保障，也是规范和制约非营利组织行为的基本准则，不断完善中国非营利组织法律既是中国非营利组织的诉求，也是政府的一项重要职责。中国改革开放给中国非营利组织不断发展和完善提供了机遇，也给中国非营利组织立法不断探索提供了基础。实践证明，保障和制约的均衡是制定非营利组织法律的主要支点，也是衡量非营利组织法律公正公平的基本内容。关于保障与制约的关系问题，实际上反映了立法的指导思想，从立法一开始对此就有三种不同的主张：第一种观点认为公民应享有最广泛的结社自由，从立法的角度说，主要是保障自由，而不应是限制自由；第二种观点认为立法本身就是对少数人滥用结社自由行为的限制，鉴于我国目前非营利组织的现状，需要通过立法加强管理，限制性的条文应该是结社立法的重点；第三种观点认为保障与制约是辩证的，是对立统一的，二者既有区别又有联系。立法的目的是保障公民结社自由的权利，为了更好地保障这种权利，同时要对某些违背这一目的的行为加以限制。

中国非营利组织法制建设就是在这个矛盾、冲突、相互依赖、相互促进的过程中徘徊前进。

新中国成立以来，我国的宪法就规定了公民有结社的自由。但是长期以来，一直没有调节公民结社的基本法律，宪法赋予公民结社的自由权利主要是通过行政法规来实现的，1950 年中央人民政府颁布的《社会团体登记暂行办法》，在当时对促进社会团体的发展起到了积极作用。但是这个办法经过了几十年以后，实际上已废而不用。随着我国改革开放的发展，各种社会团体迅速出现，已经成为社会发展中的一项重要事业。社会团体的法律地位、权利、义务和监督管理，已经引起了党和政府关注，制定社会团体法律，已经提上了党和政府的议程。民政部根据党的十三大报告提出的抓紧制定结社等方面法律的要求和国务院指示，于1987 年，专门成立了结社法起草小组，于 1993 年完成了送审稿。送审稿共分 11 章 58 条，包括总则、结社条件、结社程序、社会团体的权利和义务、社会团体的组织结构、社会团体的经费、社会团体的终止、监督管理、法律责任、涉外条款和附则。这个送审稿由于多种原因虽然没有出台，但它是制定中国非营利组织法的一次尝试，对非营利组织的发展和非营利组织的法制建设产生了积极意义。如今反思，当初这个送审稿的许多元素，具有积极意义，具有许多闪光点。

同时，我们在起草《结社法》的过程中，当时已感到有许多的因素还不能支撑起草这样重要的一部法律，其中也包括学术界的知识水平和我们的能力，但是由于当时行政管理工作又急需一个使行政管理工作行之有名的法律，因此就开始由起草《结社法》的同一班人马开始起草《社团登记管理条例》。后来《结社法》的起草工作半途而止。我们的工作就直接演绎为起草《社团登记管理条例》。当时起草《社团登记管理条例》和起草《结社法》，虽然法律的框架和内容有所不同，但基本思路和指导思想应该是基本一致的。

英国的慈善委员会高级法律顾问肯尼斯·蒂博在《慈善团体及非政府组织的国际规范框架》一文中写道:"主权国家选择何种模式来监管非政府组织受到很多种因素的影响。根据各自不同的宪法及其在文化、社会和经济方面的特点,每个国家都将形成其独有的界定、登记、支持及监管非政府组织的机制。"①

随着中国改革开放浪潮的推进,社团发展迅速。当时,需要加紧制定法律以适应社团发展的需要。但是,中国非营利组织法制建设,不单纯取决于社团数量的增速,它受到很多因素的影响,是政治、经济、社会、文化诸多因素的综合体。

从法理上讲,《结社法》是实体法,《社团登记管理条例》是程序法,如何处理好二者之间的关系,既是机遇也是挑战。但是,从根本上讲,条例的核心矛盾是行政权力和非营利组织权利之间的关系问题,也就是权力和权利之间的关系问题。我国在改革开放以前的计划经济时代,行政法规被视为政府进行行政管理的工具,其核心是强调管理者的权力,而不是保障被管理者的权利。我们当时在起草条例时,从思想上力争在维护行政机关依法行政与保护社会团体的合法权益之间,寻求一种均衡,以兼顾公共利益和个人利益,确保社会的持续和稳定发展。因此,在条例中特别注意:第一,要改变重权力,轻权利的状况;第二,应增强行政机关义务性的规范;第三,对行政管理权限应作明确的界定;第四,应增加公民寻求行政或司法救济的途径。

比较1989年颁布的《社团登记管理条例》和1998年颁布的《社团登记管理条例》,可以发现1989年颁布的《社团登记管理条例》有一些规定也是有可圈可点之处,如:第一,立法指导思想比较明确。邓小平同志说过:"我们党的十一届三中全会的基本思想是解放思想,独立思考,从自己的实际出发来制定政策。"当时,草拟《结社法》的目的就是为了规范、治理、发展社团。具体地讲,就是为实现宪法赋予公民结社的权利,保障广大人民参与国家和社会管理渠道的畅通,并为政府进

---

① 肯尼斯·蒂博:《慈善团体及非政府组织的国际规范框架》,《中国慈善立法国际研讨会论文集》,2007,第119页。

行行政管理提供法律依据。第二，调整的范围比较适当、边界清楚。任何一部法律都有其特定的调整对象。关于结社法律调整的对象和范围，世界各国都不尽相同。当时在条例中规定，在法律面前，任何社团不论其大小和属性都一律平等，应适用于一切非营利性社会团体。当然这种规定在后来的执行中遇到了困难，也发生过许多故事，在1998年颁布的《社团登记管理条例》中也作了修改，但是，我认为1989年《社团登记管理条例》的这种规定无疑是具有里程碑意义的。第三，关于非法人社团问题，1989年《社团登记管理条例》规定，所有的社团都可以到政府登记，包括法人社团和非法人社团，这就为非法人社团即所谓的草根组织提供了生存的法律保障，刘培峰在《结社自由及其限制》一书中讲到，结社自由的本质含义是什么，"结社自由是指公民个人不经政府和其它公共组织的许可，为了满足自身的需要建立一定形式的社会组织的权利"。我认为如果从理论上讲当时《社团登记管理条例》的规定和结社自由的本质含义，也只是一步之遥。有人问，1989年条例颁布后，1990年开始清理整顿，经过三年的清理整顿，社团的数量从1990年的4000多个，增加到了1993年的15万多个，增长了近40倍，其原因何在？我认为，这就是条例的积极作用，因为条例确定了非法人社团的法律地位，使非法人社团合法化。但这种规定，在1998年颁布的《社团登记管理条例》中作了修改，并对非法人社团作了严格规定，但对非法人社团的法律地位的呼声，一直在理论界和业界不绝于耳。我认为不管1998年《社团登记管理条例》对非法人社团的地位做如何规定，正确认识和规范非法人社团的法人地位也是指日可待的事情。第四，关于社团成立的程序和时效问题，1989年《社团登记管理条例》对社团的成立程序比较简单，不需要经过筹备阶段，其目的就是为了缩短审批时间，提高审批效率。

条例毕竟是行政法规，其属性决定了它所承载的内容，随着时间的推移，人们认识的深化，条例固有的弊病也逐步显现出来。同时，国际国内的政治、经济等各方面情况的发展变化，条例已不相适应，于1996年民政部根据当时国际国内的形势，对条例作了修正，并于1998年经国务院颁布实施。条例明确提出了业务主管部门的职责，强化了双重管理的体制，并确认了非法人社团存在的合法性。但是对于非营利组织的法律建设的探索一直没有停止。民政部根据当时形势和工作的需要在现有法律框架下，于2004年重新修订并经国务院颁布了《基金会管理条例》。目前，《社会团体登记管理条例》和《民办非企业单位登记管理暂行条例》又在修改之中，慈善法、行业协会法也在有关部门进行草拟。其中由于研究团队的扩大，北大、清华、社科院等单位也积极参与其中，献策献计。

当我在职时，由于公务繁忙，对于理论研究的时间和精力都是有限的，只能是忙里偷闲，进行一些应用性的研究。退休以后，我知道研究佳期已过，所以，当回到母校和魏定仁老师共同组建北大法学院非营利组织法研究中心时，我对自己的定位，就是以推动和促进学术研究的发展、培养和鼓励青年的成长为已任，个人的成果对于我来说已是过眼烟云。同时，因为我们是学法的，所以尽可能在中国非营利组织法制建设中做一定推动，完成我从一开始就追求的至今没有完成的事情。这样的定位，这样的目标，大家从中心发展成长的过程中就可以看出来，这几年中心在中国非营利法制建设中提出了一些积极性的建议，《中国非营利组织法专家建议稿》已经出版，同时，中心的组织建设也得到了长足的发展。目前这个团队的每一位成员，不但热心非营利组织这项事业，而且已经具备了方方面面的专业知识，都已能担当大任，已经得到各方面的认可。我看到年轻人的成长，看到我们队伍的扩大，更多的成果展示在世人面前，我就看到了希望，看到了未来，这对我来说是一种更大的欣慰，更具成就感。

结　　语

本文主要是有感而发，我已耳顺之年，想与读者分享当年心境，而在我退下来之前，作为一位国家工作人员，只能在其位，谋其政，不敢妄言。尽管现在回忆一下我当年所见所思所想，可能不是明智之举，也说明不了什么问题，更起不了什么作用，但也可能给大家提供不同层面的信息和深层次思考的路向。根据我多年的感受，我们这个行业，"很多旧的问题需要继续解决，新的问题更是层出不穷"。① 要解决这些问题，需要国外先进的科学理论，更需要适合中国国情的科学知识，我们最早起草的结社法夭折的一个重要原因，就是当时我们的理论知识太浅薄了，所以，我认为，不仅是我们这个行业，对任何行业来说，安全的价值固然重要，但科学的价值就更为重要。我们这个行业，尤其是对政治比较敏感的一些议题，需要更多的学者，从不同的视角去探讨，提出不同意见，拿出不同方案，这才有利于我们事业的兴旺发达。

　　我想套用曾子说过的一句话结束此文，并与同仁们，特别是从事理论研究的志士们共勉：士不可以不弘毅，任重而道远。仁以为己任，不亦重乎，死而后已，不亦远乎。

（责任编辑：朱晓红）

中国非营利组织立法的发展路径

---

① 邓小平：《党和国家领导制度的改革》，《邓小平文选》第二卷，第 301 页。

《中国非营利评论》专刊征稿启事

　　《中国非营利评论》以"社会管理创新"为主题已经出了两卷专刊，第十一卷计划继续刊出有关社会管理创新的研究成果，尤其是以社会管理创新的地方经验为主进行研讨，刊出系列主题文章，内容包含社会管理创新过程中体制与机制改革、社会与组织创新以及公民意识变化，特向社会管理创新过程的设计者、实施者、参与者、关注者等各界人士约稿。请围绕此方面主题，撰写相关学术论文、案例、书评、随笔等体裁稿件。此方面稿件投稿截止时间为 2012 年 11 月 31 日。

　　投稿电子稿件请发至：nporeviewc@gmail.com。打印稿请寄至：北京市海淀区清华大学公共管理学院 425 室《中国非营利评论》编辑部，邮编 100084。

《中国非营利评论》编辑部

稿　　约

1.《中国非营利评论》是有关中国非营利事业和社会组织研究的专业学术出版物，暂定每年出版两卷。《中国非营利评论》秉持学术宗旨，采用专家匿名审稿制度，评审标准仅以学术价值为依据，鼓励创新。

2.《中国非营利评论》设"论文""案例""研究参考""书评""随笔"等栏目，刊登多种体裁的学术作品。

3. 根据国内外权威学术刊物的惯例，《中国非营利评论》要求来稿必须符合学术规范，在理论上有所创新，或在资料的收集和分析上有所贡献；书评以评论为主，其中所涉及的著作内容简介不超过全文篇幅的四分之一，所选著作以近年来出版的本领域重要著作为佳。

4. 来稿切勿一稿数投。因经费和人力有限，恕不退稿，投稿一个月内作者会收到评审意见。

5. 来稿须为作者本人的研究成果。作者应保证对其作品具有著作权并不侵犯其他个人或组织的著作权。译作者应保证译本未侵犯原作者或出版者的任何可能的权利，并在可能的损害产生时自行承担损害赔偿责任。

6.《中国非营利评论》热诚欢迎国内外学者将已经出版的论著赠予本刊编辑部，备"书评"栏目之用，营造健康、前沿的学术研讨氛围。

7.《中国非营利评论》英文刊将委托荷兰博睿（Brill）出版集团在

全球出版发行，中文版刊载的论文和部分案例及书评，经与作者协商后由编辑部组织翻译交英文刊采用。

8. 作者投稿时请寄打印稿或电子稿件。打印稿请寄至：北京市海淀区清华大学公共管理学院 425 室《中国非营利评论》编辑部，邮编 100084。电子稿件请发至：nporeviewc@ gmail. com。

9.《中国非营利评论》鼓励学术创新、探讨和争鸣，所刊文章不代表本刊编辑部立场，未经授权，不得转载、翻译。

10.《中国非营利评论》集刊以及英文刊所刊载文章的版权属于《中国非营利评论》编辑部所有；本刊已被中国期刊网、中文科技期刊网、万方数据库、龙源期刊网等收录，为适应我国信息化建设的需要，实现刊物编辑和出版工作的网络化，扩大本刊与作者知识信息交流渠道，在本刊公开发表的作品，视同为作者同意通过本刊将其作品上传至上述网站。作者如不同意作品被收录，请在来稿时向本刊声明。但在本刊所发文章的观点均属作者个人观点，不代表本刊立场。本声明最终解释权归《中国非营利评论》编辑部所有。

来 稿 体 例

1. 各栏目内容和字数要求：

"论文"栏目发表中国非营利和社会组织领域的原创性研究文章，字数以 8000 ~ 20000 字为宜。

"案例"栏目刊登对非营利和社会组织实际运行的描述与分析性案例报告，字数以 5000 ~ 15000 字为宜。案例须包括以下内容：事实介绍，理论框架，运用理论框架对事实的分析。有关事实内容，要求准确具体。

"研究参考"栏目刊登国内外关于非营利相关主题的研究现状和前沿介绍、文献综述、学术信息等，字数在 3000 ~ 1500 之间。

"书评"栏目评介重要的非营利研究著作，以 3000 ~ 10000 字为宜。

"随笔"栏目刊发非营利研究的随感、会议评述、纪行及心得，不超过 4000 字。

2. 稿件第一页应包括如下信息：（1）文章标题；（2）作者姓名、单位、通信地址、邮编、电话与电子邮箱。

3. 稿件第二页应提供以下信息：（1）文章中、英文标题；（2）不超过 400 字的中文摘要；（3）2 ~ 5 个中文关键词。书评和随笔无须提供中文摘要和关键词。

4. 稿件正文内各级标题按 "一、""（一）""1.""（1）"的层次设置，其中 "1." 以下（不包括 "1."）层次标题不单占行，与正文连排。

5. 各类表、图等，均分别用阿拉伯数字连续编号，后加冒号并注明图、表名称；图编号及名称置于图下端，表编号及名称置于表上端。

6. 本刊刊用的文稿，采用国际社会科学界通用的"页内注 + 参考文献"方式。

基本要求：说明性注释采用当页脚注形式。注释序号用①，②，③……标识，每页单独排序。文献引用采用页内注，基本格式为（作者，年份：页码），外国人名在页内注中只出现姓（容易混淆者除外），主编、编著、编译等字眼，译文作者国别等字眼都无须在页内注里出现，但这些都必须在参考文献中注明。

文末列明相应参考文献，参考文献中外文分列（英、法、德等西语可并列，日语、俄语等应分列）。中文参考文献按照作者姓氏汉语拼音音序排列，外文参考文献按照作者姓氏首字母排序。基本格式为：

作者（书出版年份）：《书名》（版次），译者，卷数，出版地：出版社。

作者（文章发表年份）：《文章名》，《所刊载书刊名》，期数，刊载页码。

author（year），*book name*，edn.，trans.，vol.，place：press name.

author（year），"article name"，vol.（no.）journal name，pages.

《中国非营利评论》征订单

《中国非营利评论》是由清华大学 NGO 研究所和社会科学文献出版社合作发行的学术期刊，清华大学 NGO 研究所所长王名教授担任主编。

《中国非营利评论》是一份有关中国非营利事业与非营利组织研究的专业学术出版物，每年出版两卷。出版时间为 6 月 30 日和 12 月 31 日。

《中国非营利评论》秉持学术宗旨，采用当今国际学术刊物通行的匿名审稿制度，提倡严谨治学，鼓励理论创新，关注实证研究，为中国非营利事业与非营利组织的研究提供一个高品位、高水准的学术论坛。本刊将开设四个主要栏目，一为"论文"，二为"案例"，三为"书评"，四为"随笔"。为提高刊物的学术品位和水准，本刊聘请国内外相关领域的 28 位知名学者组成学术顾问委员会，其中海外（含港台地区）学术顾问比例不低于 1/3。本刊英文刊 *China Nonprofit Review* （ISSN 1876 – 5092；E – ISSN 1876 – 5149） 第一卷已于 2009 年 2 月在波士顿出版，第二卷于 2009 年 9 月出版。

· ·

▷ ［征订单］

订购单位：			
邮寄地址：			邮编：
联系人：			职位：
电话：		传真：	邮箱：
第一卷		数量：	总额：
第二卷		数量：	总额：
第三卷		数量：	总额：
第四卷		数量：	总额：
第五卷		数量：	总额：
第六卷		数量：	总额：
第七卷		数量：	总额：
第八卷		数量：	总额：
第九卷		数量：	总额：
第十卷		数量：	总额：
第十一卷		数量：	总额：
发票要求：□是　□否		发票抬头：	
附言：			

付款	**汇款请至如下地址：** 账户名称：社会科学文献出版社 开户银行：中国工商银行北京北太平庄支行 银行账号：0200010019200365434	**征订单请寄至：** ◇北京市西城区北三环中路甲 29 号院 3 号楼华龙大厦　社会科学文献出版社 邮编：100029 联系人：闫红国　　电话：010 – 59367156 ◇清华大学公共管理学院 NGO 研究所 邮编：100084 联系人：刘彦霞　　电话：010 – 62773929

图书在版编目（CIP）数据

中国非营利评论. 第 11 卷/王名主编. —北京：社会
科学文献出版社，2013.6
ISBN 978 - 7 - 5097 - 4760 - 5

Ⅰ.①中… Ⅱ.①王… Ⅲ.①社会团体 - 中国 - 文集
Ⅳ.①C232 - 53

中国版本图书馆 CIP 数据核字（2013）第 127830 号

中国非营利评论（第十一卷）

主　　办／清华大学公共管理学院 NGO 研究所
　　　　　明德公益研究中心
主　　编／王　名

出 版 人／谢寿光
出 版 者／社会科学文献出版社
地　　址／北京市西城区北三环中路甲 29 号院 3 号楼华龙大厦
邮政编码／100029

责任部门／社会政法分社（010）59367156　　责任编辑／朱　珠　关晶焱
电子信箱／shekebu@ ssap. cn　　　　　　　责任校对／李海雄
项目统筹／刘骁军　　　　　　　　　　　　责任印制／岳　阳
经　　销／社会科学文献出版社市场营销中心（010）59367081　59367089
读者服务／读者服务中心（010）59367028

印　　装／北京鹏润伟业印刷有限公司
开　　本／787mm × 1092mm　1/16　　　印　　张／9.5
版　　次／2013 年 6 月第 1 版　　　　　　字　　数／143 千字
印　　次／2013 年 6 月第 1 次印刷
书　　号／ISBN 978 - 7 - 5097 - 4760 - 5
定　　价／45.00 元